全国农村创业创新项目创意大赛实录

（2021年）

农业农村部乡村产业发展司
农业农村部农村社会事业发展中心　组编

中国农业科学技术出版社

图书在版编目（CIP）数据

全国农村创业创新项目创意大赛实录.2021年/农业农村部乡村产业发展司，农业农村部农村社会事业发展中心组编. --北京：中国农业科学技术出版社，2022.8

ISBN 978-7-5116-5852-4

Ⅰ.①全… Ⅱ.①农…②农… Ⅲ.①农村—创业—竞赛—中国 Ⅳ.①F249.214

中国版本图书馆CIP数据核字（2022）第134624号

责任编辑　穆玉红　李美琪
责任校对　李向荣
责任印制　姜义伟　王思文

出 版 者	中国农业科学技术出版社
	北京市中关村南大街12号　　邮编：100081
电　　话	（010）82106626（编辑室）　（010）82109702（发行部）
	（010）82109709（读者服务部）
网　　址	http://www.castp.cn
经 销 者	各地新华书店
印 刷 者	北京尚唐印刷包装有限公司
开　　本	170 mm×240 mm　1/16
印　　张	20.75
字　　数	280千字
版　　次	2022年8月第1版　2022年8月第1次印刷
定　　价	98.00元

———— 版权所有·侵权必究 ————

编写人员名单

主　　编　王　锋　潘利兵

副 主 编　吴晓玲　刁新育　邵建成　刘　莉　詹慧龙

　　　　　　李　叡　张永江

执行主编　李春艳　贾廷灿

参　　编　梁　漪　段亚光　赵博雄　杨雪芹　赵廷阳

　　　　　　景光明　郭　迪　裴　璐　侯昊天　李慧鹏

　　　　　　李晟龙　刘　军　杨学东　丁艳荣　吴应蔚

　　　　　　王玉丰　陈国宏　韩德亮　石达祺　周林华

　　　　　　孙燕勤　汤慧勤　肖弘建　徐　杰　孙明河

　　　　　　陈文胜　周学军　欧阳钦君　郑志雄　张大威

　　　　　　张文伟　艾　丰　代明珠　沈海燕　李烈钢

　　　　　　任志伟　马宝斌　李　婧　辛　健　马　玲

　　　　　　穆玉红　李美琪

前 言

产业振兴是乡村振兴的重中之重，农村创业创新是繁荣乡村产业的重要途径。习近平总书记在《论"三农"工作》中强调，要想方设法创造条件，让农村的机会吸引人、让农村的环境留住人。

为推动农村创业创新蓬勃发展，自2017年以来，农业农村部连续举办了五届全国农村创业创新项目创意大赛，遴选了一大批质量优、前景好、辐射广的农村创业创新项目，推介了一大批扎根农村、能力突出、带动力强的优秀选手。他们聚焦产业促进乡村发展，发掘新功能新价值，利用新理念新创意，创办新产业新业态，大力发展县域富民产业，让农民更多分享产业增值收益，在广阔天地大施所能、大展才华、大显身手。

为更好发挥大赛选手的示范带动作用，进一步激励更多人才返乡入乡创业创新，带动更多农民就地就近就业增收，促进乡村产业高质量发展，农业农村部乡村产业发展司、农业农村部农村社会事业发展中心从第五届全国农村创业创新项目创意大赛总决赛中，遴选56名选手的路演资料，编辑出版了《全国农村创业创新项目创意大赛实录（2021年）》。每名选手的实录分为项目介绍和现场问答，以文字、图片、视频等形式重点展示选手风采、创业故事、项目发展、专家点评等内容。

按照行业领域不同，本书分为6个部分，分别是种植业篇、养殖业篇、加工流通业篇、乡村制造业篇、乡村信息产业篇、乡村新型服务业及综合利用篇，每部分按照初创组、成长组名次顺序排列。

在本书的编写过程中，第五届全国农村创业创新项目创意大赛有关选手、评委和各地农业农村部门给予了大力支持，在此一并致以诚挚的谢意！

由于时间和水平所限，书中若有不当之处，欢迎广大读者提出宝贵意见和建议。

编 者

2022年7月

目　录

种植业

小草大业	江苏：居　新	3
吉农74、吉农75大豆良种育繁推与产品深加工	吉林：魏　健	8
盐碱地开发新型高蛋白饲料产业化	宁夏：吴夏蕊	13
火山地"有种"的西红柿	山东：梁其安	17
科技葛根高附加值产销	广东：吴俊松	23
甜西瓜　矮个子——西瓜藤蔓矮化品种的选育及产业化生产	山东：金炳奎	29
阿克陶县年产234万棒香菇推广	新疆：陈建国	35
猓莓——莓果类产业链服务商	四川：范晋铭	39
乡村振兴"绿色引擎"——沙漠生态口粮田	甘肃：李　斐	44
"良种+良方"枸杞高效栽培技术推广应用	宁夏：邢学武	48
草莓小王子	江苏：吴中平	54

高原羊肚菌产业链——绿色农业示范…………………………………青海：张国平 60

怒花 1 号金银花——是金是银也是花………………………………云南：陈学良 67

万亩小园玉米方便食品深加工…………………………………………黑龙江：孙立娟 73

蔡甸莲藕生态产业园……………………………………………………湖北：凡　丹 79

养 殖 业

珍禽五黑鸡开发推广……………………………………………………江西：莫子涵 87

鱼菜共生智慧工厂………………………………………………………天津：高　上 92

红鳅添财——工厂化循环水红泥鳅繁养殖助推乡村振兴…………江西：段元星 98

藏湖高原肉羊三元杂交育种体系………………………………………甘肃：张春梅 103

智慧渔仓引领者…………………………………………………………广东：萧劲松 109

百源康生态锁智慧生物农业系统………………………………………浙江：袁若楠 115

红岭金——边疆少数民族老区乡村振兴助推器………………………云南：何永群 121

蛋鸭绿色无抗养殖………………………………………………………浙江：冯伟峰 126

中国黑牛种子工程——国内肉牛繁育改良……………………………贵州：肖　晓 132

海鸭蛋产业化集群………………………………………………………广西：陈裕鑫 138

加工流通业

高附加值柠檬六分离加工技术…………………………………………重庆：刘雁成 147

低 GI 值大豆膳食纤维馒头……………………………………………吉林：刘俊梅 152

薰衣草苗木研发	新疆：张蕴力	157
桂阳五爪辣　香辣传天下	湖南：张惠影	163
山杏仁产业链深层价值的研发	河北：薛志强	169
藜麦深加工产品植物蛋白奶	山西：张　宏	174
科技创新赋能传统奶制品产业发展	内蒙古：傲特更脑日布	180
茶以载道——GABATEA突破十堰高山茶产业发展困局	湖北：余盛林	186
好逸点——10年产业路　10亿泡菜梦	四川：罗　芳	191
黄精茶研制与其生产关键技术的推广应用	湖南：谭伟中	196
海南素言百香果产业之路	海南：牛晓明	201
速冻面条定制专家	河南：孙方方	206
陕北五朵金花茶，开出产业富民花	陕西：马香琳	211

乡村制造业

鱼肉食品深加工及产业化	江苏：霍东明	219
海产品高值化精深加工技术研发与产业化	辽宁：包卫洋	225
雅稞牦牛奶冰淇淋产品开发建设	青海：多吉才让	230
发明"树葆"创业，助力乡村振兴	山西：赵树海	236
忌避剂生物防控系统	辽宁：刘　莹	242

乡村信息产业

一站式海洋（渔业）服务平台……………………………………… 浙江：石宝荣 251

"一棵菜"成就"三产融合"……………………………………… 上海：王　印 255

蛋是不同——堆草堆农业打造全网第一的蛋品绿色数字化平台… 安徽：戴文祥 260

数字技术赋能草莓产业转型升级…………………………………… 河南：王智豪 264

行业领先的数字化服务体系——赋能农业………………………… 广东：姜　晟 271

乡村新型服务业及综合利用

木亚文旅乡村民宿行业全产业链服务……………………………… 浙江：刘　杰 279

秸秆炭化产业化经营………………………………………………… 安徽：平东林 285

"E网"无虫 …………………………………………………………… 河北：毕拥国 291

光东村文旅田园综合体……………………………………………… 吉林：杨丽娜 296

飞鸟与鸣虫食农教育农场…………………………………………… 北京：李一方 301

"蘑幻森林"林下生态食用菌农旅 ………………………………… 上海：苏慧敏 307

绿色"O2O"生态圈——乡村共享驿站…………………………… 福建：林巧玲 313

以工促农，特色旅游食品带动农民增收…………………………… 天津：史全胜 318

种 植 业

小草大业

项目介绍

小草创大业，荒滩变金床。我是项目汇报人——居新。

1. 创业背景

滩涂盐地是中国重要的后备土地资源，有着极大的开发潜力，草坪种植是滩涂开发的重要手段，而滩涂种草与普通草坪建植是完全不同的，所用草种必须能够耐受低温高盐的恶劣环境。我们坚信开发新草种，为滩涂"披绿生金"会是一个巨大的新商机。

通过调查发现，我国滩涂盐地约 217 万公顷，仅在江苏省就将拟开发 270 万亩[①] 滩涂盐地；目前，种植草坪是最经济、最有效、最环保的改良方式，预计未来 10 年中国的草坪产业将创造出 36 亿元的产值，需求量更是巨大。

---

① 1 亩 ≈ 667 平方米，1 公顷 =15 亩，全书同。

同时，我们还发现，我国常规草种大都依赖进口，市场上现有的草种都是耐盐的不耐寒，耐寒的不耐盐，从而导致我国广大滩涂盐地绿化"一草难求"。

为此，我们研发团队成功培育出8个高耐盐耐寒草种，还发明了我们独有的与草种配套的种茎快繁与提纯技术。8项授权专利技术及种源的独占性，形成了有效的技术壁垒。

我们的新草种，能够在土壤含盐量达到0.67%的滩涂盐地上正常生长，可以实现海水浇灌生长，耐受-7℃的低温，冬季无须补播，大量节约灌溉成本。

2. 竞争优势

相比市场上的其他草种，我们的新草种性状更优、成坪更快、成本更低，由于新草种高耐盐、耐寒，是当前能用于高盐度滩涂盐地绿化改良的唯一草种。

我们体系的创新性通过了同行专家的鉴定，研发成果得到了业界的好评、院士的认可及专家的肯定。

2019年，我们以中国草坪特色产业镇——江苏句容市后白镇的研发基地为根本，成立了南京绿草科技有限公司。公司依托国家林业和草原局草坪创新平台进行技术创新，作为草坪特色镇的技术领头羊，公司一直致力于新草种与新技术的推广示范，推动小镇草坪产业技术的提档升级。

我们采用自产原种、生产外包的生产模式，通过向目标客户销售种茎以及提供技术服务获得利润，目标市场将覆盖我国沿海地区，专注于低温滩涂盐碱地市场。

3. 企业现状

目前，我们已建成6个合作基地，带动600多人就业，平均每年为合作基地创造2 700多万元的产值。

如：东洋口港项目开发有限公司使用我们的高耐盐耐寒草种，仅用90天，就把2 100余亩的高盐度滩涂盐地建成一个海边度假村，创造出超3 200万元的年产值。南通佳华农业使用我们的第二代具有坪牧两用性的高耐盐耐寒草种，建成1 200亩的海边牧场，草皮年产量达160万平方米，有机山羊年养殖与出栏量近万头，每年创造产值达2 500万元。

2019年成立至今，我们已累计推广新草种超1.02万亩，改变了我国草坪产业品种单一、同质化的种植结构，草农亩产收益率增加52%以上。

当前，我们占据江苏省海边滩涂盐地绿化改良项目草坪市场的份额已

超 85%，且正逐步向外辐射。目前已有 300 多万平方米的海边滩涂盐地使用我们的高耐盐草种，创造出 8 400 多万元的产值。我们已经成为我国高耐盐耐寒草种推广应用的先行者。

4. 团队建设

好项目强团队。项目负责人——居新，目前就读于江苏农林职业技术学院，现任南京绿草科技有限公司总经理，拥有丰富的草坪营销渠道资源。我们还拥有一支年轻、富有梦想的创业团队，不仅有由中国工程院院士任继周等顶尖专家组成的顾问团队，我们还有幸请到了赵亚夫先生担任推广顾问。

5. 发展规划

我们公司注册资金 100 万元，彭航担任法人，占股 70%。为了更好地发展，我们制定了 780 万元的融资计划，预计释放 12% 的股权，融资将主要用于研发投入和基地扩建。

2019 年，我用仅仅用半年时间就创造了 720 万元的营业额，且预计在未来五年内实现销售额突破亿元的跨越。

同年，我们申请注册了国内首个草坪行业品牌商标——天涯劲草；未来，我们预计建设40个草种生产基地、增加5个国际市场、带动2万人就业；且进一步研发适应性更广的新草种，以实现做强国内市场，做大国际市场。

绿水青山就是金山银山，我们将实现让一棵小草绿遍天涯海角。

▶现场问答

评委：你们的新草品种是同时耐盐耐寒，还是有的耐盐有的耐寒？
居新：我们现在主推的8款草种，都是既耐盐也耐寒。其耐寒程度可以达到-7℃后能够正常生长，耐盐最高可以达到13%，可以覆盖整个中国北方地区，热带、亚热带也没有问题。

评委：营业收入是以卖种子为主，还是卖草坪为主？
居新：我们目前是卖种茎，即草长到2～3厘米时打碎种茎，进入生产工厂可以直接长成草坪，其成本更低，效果更好。

评委：为什么要外销，国内销量不好吗？
居新：我们是国内市场和国外市场同时在做，以践行国家"一带一路"倡议、共享共建共商的发展方向，不过现在国内市场还没有完全铺开，我们在海南、甘肃、青海、西藏都在做，但是现在做不过来。新草种除了耐盐耐寒之外，还能耐旱，因此其对于水分的吸收力会比普通草种要大，在甘肃长得较好。

吉农 74、吉农 75 大豆良种育繁推与产品深加工

项目介绍

我是来自吉林省长发农业的魏健，也是本项目的负责人。我曾在农业大学做过 16 年的老师，现在回归家乡从事农业创业。今天带来的项目是：吉农 74、吉农 75 大豆良种育繁推与产品深加工。

1. 创业背景

自 1995 年以来，中国大豆进口量逐年攀升，2020 年已超过 1 亿吨，占我国大豆总需求量的 80%，严重依赖进口已成为中国粮食安全的"卡脖子"问题。目前国产大豆品种普遍产量偏低，而高蛋白大豆市场的需求却日益强劲。大豆种子作为农业的"芯片"，应该掌握在我们自己手中。

2. 企业现状

本着"藏粮于地,藏粮于技"的理念,我们的大豆研发团队制定了"粮头食尾,农头工尾"的方案,对大豆种子践行育繁推一体化和标准化。团队共搜集 5 000 余份种质资源,培育了 28 个优质大豆品种,包括 8 个国审品种。其中吉农 74 和吉农 75 已被列为吉林省大豆主导品种,这两个品种具有明显优势,其产量、蛋白质含量以及"蛋白质+脂肪"含量都显著高于其他常规品种。

在繁育方面,我公司自有 1100 公顷繁育基地,是目前世界上面积最大的民营大豆繁育基地,每年可生产优质大豆良种 150 万千克,优质商品豆 320 万千克;同时建立了良种繁育技术体系和高产高蛋白大豆规模化栽培技术体系。

在推广方面,已证明吉农 74、吉农 75 具有优越的广适性,我们建立了 20 个示范区推广这两个品种,推广面积已经达到 35 万公顷,辐射到北方大豆主产区。

在商业模式方面,通过线上、线下相结合,采取卖种子、卖产品、卖服务的组合式营销模式,结合技术转让及技术托管等方式实现盈利。

3. 团队建设

作为项目负责人，本人本科、硕士、博士阶段所学的都是农学专业。

我的导师——著名大豆育种家王丕武教授以及他的导师、我的师爷——李玉院士，也加入了我们的核心研发团队，可以说我的项目是"院士领衔、三代传承"。30年来，团队共培养了59个博士从事大豆领域科学研究。多年来的创新与坚持，只为了做好"大豆"这一件事。另外，运营总监是中国大豆产业联盟总秘书长于寒松教授，产品总监，市场总监和财务总监也都具有多年专业经验。

4. 核心竞争力

经过多年的可持续性研发，我们共获得9项国际专利、25项国内专利以及117项团队专利，各种科研项目100多个，构建了6项地方标准；整个团队发表大豆相关论文300余篇，团队成员入选国家万人计划、长白山科技领先创新团队。

种植业

在刚刚落幕的首届全国博士后创新创业大赛中,经过1400多个项目的激烈角逐,本项目在现代农业与食品领域获得金奖,再次彰显了对接国家发展战略的价值。

5. 发展规划

本项目已经带动2 000多户参与,组织公益活动18次,提供就业岗位约1 000个。在经济效益方面,未来3年,预计实现产值2亿元;在生态效益方面,通过大豆—玉米的轮作,可减少农药化肥使用量约30%,实现土壤固氮,恢复黑土地地力。

6. 融资需求

近3年的营收情况呈现良性发展,优势明显,2018—2020年,营收已经增长了3倍。本次我们计划融资1 000万元,出让股权10%,用于种子研发、产业链建设以及相关的市场推广。

本项目的重大战略意义为:通过努力实现中国大豆良种的自主可控,保障国家大豆安全和食品安全,引领国内高蛋白大豆生产方向。

未来,我们将继续做好育繁推一体化、产学研一体化和三产融合一体化,为中国大豆产业的全链发展作出积极的贡献。

作为当代青年农业科技工作者，面对国旗，丰收大地。我们将始终如一坚守初心，牢记总书记"把论文写在祖国大地上"的嘱托。在中华民族复兴的伟业中，把农业的"芯片"牢牢掌握在中国人自己的手中，争当大豆振兴的引领者、乡村振兴的排头兵。

▶ 现场问答

评委： 你这个项目的主要优势有哪些？

魏健： 我们所有的品种都是自主研发，具有独立知识产权，具有可持续性。今年我们有2个新的主打品种，明年将会有3个。

评委： 高蛋白大豆产品的价格是随行就市，还是比市场要高一些？

魏健： 按国际标准，高蛋白标准是42.5，我们的大豆蛋白远远高于这个；从高蛋白大豆产业化深加工领域来说，其用途和需求量远远优于同类的大豆品种，所以它的价格比普通的高。今年，常规的大豆品种大约是3.4元/斤，我们的大豆卖到3.7～3.8元/斤。

评委： 影响你这个品种推广的主要障碍是什么？是怎么解决的？

魏健： 大豆是自花授粉，老百姓愿意自己留种，因此我们的困难是育繁推。为了让更多人知道我们的种子，在推广过程中，我们不断把自己的优势品种跟政府、种植大户、农民进行展示和推广；利润和效益，我们更看中的是效益。

评委： 你介绍的主要是育繁推这块，产品深加工这块是怎么打算的？

魏健： 我们是想做育繁推及深加工的产品，当前我们致力于大豆的推广量，北方大豆拿回来后，在此基础上，再进一步跟相关部门包括投融资部门等进行合作。因为我们的大豆具有品牌化、标准化可溯源，竞争优势很明显。

盐碱地开发新型高蛋白饲料产业化

项目介绍

我是来自宁夏的吴夏蕊,从小在家乡看到大量的盐碱地,部分重度的盐碱化土壤,甚至会让埋在地里的砖头都腐烂掉。我们创立绿峰源农科,就是想用所学知识和相关研究来帮助农户,实现盐碱地的开发和利用。今天我带来的项目是盐碱地开发新型高蛋白饲料产业化。

1. 项目背景

有一种粮食作物,其蛋白质含量可与牛肉媲美,甚至可以用低度盐碱水灌溉生长,它就是藜麦。人们通常只食用藜麦结出的籽,却不知藜麦全株和秸秆的蛋白质含量可以达到18%,是一种新的可在盐碱地上生长的高蛋白饲草。6年试验结果表明,藜麦饲草的产奶量和增重量与苜蓿无显著差异,且可在重度盐碱地生长。2021年,国家拟定了第一个《全国现代饲草产业发展规划》,宁夏也正在发展千亿级的奶产业,优质饲草需求超过千亿,而其核心在于优质饲草品种和可耕作的土地。因此,当前的挑战是:18亿亩耕地红线要守住,如何将5.2亿亩盐碱地变成有效耕地,以解决中国草饲畜牧业和乳业发展的难题。

2. 解决方案

绿峰源致力于盐碱地种植品种的培育与产业化开发,产品有宁藜品种系列、藜享产品系列和藜贮饲草系列。藜贮饲草的目标市场是奶畜、肉牛羊的高蛋白饲草。我们已选育盐碱地藜麦种植品种6个,拥有盐碱地藜麦种植方法发明专利,制定了种植规范和灾害指标,获得了生产许可和注册"藜贮"商标。

3. 商业模式

我们在生产端做技术推广,为种植户解决种子和技术问题,产品进行回收。在销售端采用"S2B2C"的模式,提供供应链服务和金融服务。绿峰源6年来已落地13个地区,带动农户1 056户;我们还获得了全国农村致富带头人和CCTV中国创业榜样等荣誉25项。

我们为规模化基地提供饲草及服务，已建设生产加工中心、研发中心，国家级科技服务基地和省级农业科技人才基地，且与6所高校协作，获得科技项目支持5项。我与中粮、新希望和安徽农垦等集团达成了战略及供应合作。

4. 团队建设

我们的团队涵盖了研、产、销，科研团队均为博士，运营团队来自4A公司和国企的高管。

5. 发展规划

未来3年，我们将参与生态修复10万亩，推广盐碱地改良10万亩。我们的利润来自种子、产品、订单服务和金融服务，2021年公司营收突破2100万元。为提升技术创新能力和综合服务能力，我们拟出让10%的股份融资1500万元。

发展盐碱地饲草产业，激活沉睡的盐碱地，让贫瘠里滋生出新的希望。我们是绿峰源农科！

▶ 现场问答

评　委： 你刚说的藜麦市场和苜蓿相比有很大的优势，目前它的整个市场占有率并不是太高，这是这什么原因？

吴夏蕊： 我先分析一下藜麦市场和苜蓿的区别，藜麦和苜蓿适应的盐碱地类型和耐盐度是有差异的，所以我们在推藜麦时，将其推到江苏的盐碱滩涂、宁夏寸草不生的盐碱地等不同地方。营养价值方面，藜麦的16种氨基酸含量都大于苜蓿。推广方面，一开始我们只是推广可食用的藜麦米，而这几年我们发现收割时候产生的大量秸秆，在很多盐碱地种植达不到我们的经济效益，所以将其转化成了藜麦饲草，来利用更多的盐碱地来种植，开发更多盐碱地。

评　委： 发展的主要瓶颈在哪个方面？

吴夏蕊： 现在藜麦饲草的价格只占到苜蓿的2/3，我们在推广这块不具有难度，现在的困难主要是市场需求与我们生产能力的差距，以及业务拓展中的人才培养等方面。

评　委： 你们现在和农户的合作关系是什么样，农户每亩地能够收益多少？将来如果扩大规模，对销售的规划是什么？

吴夏蕊： 农户基本投入成本是400～500元，净收益可以达到1 500～2 000元。在销售这块我们有一个很好的模式。

火山地"有种"的西红柿

项目介绍

我叫梁其安,是黄金籽项目的创始人,曾是一名惠普的IT工程师,2015年返乡创业成为一名IT新农人。把代码写在大地上,用大数据找回了西红柿的灵魂,打破了日本对高糖番茄的垄断。

1. 创业背景

昌乐有84座远古火山,与西红柿的老家安第斯山脉同属火山地质,我们就是要在这里找回西红柿的灵魂。我返乡创业后做农产品电商,发现消费者对当下的西红柿品质非常不满。

经过市场调查,我们发现西红柿领域存在巨大的市场机会,每年5 000多亿元的销售额,但99%的西红柿是不好吃的,CCTV也专门针对西红柿滥用激素的问题做过相关的报道,"产量上来了,灵魂走丢了"。

因此,我们的使命就是让每个家庭再吃到老味道的西红柿。

2. 核心产品

我们组建了来自不同领域的专家团队，跟朱明院士签订了院士工作站，一帮工厂工程师在专家们的带领下，用5年时间试种了上百个品种，试验了上千种水肥管理方案，最终形成了我们独特的健身栽培理论体系，种出来的黄金籽新品种，籽粒饱满、一口爆浆，金黄的籽粒极具差异性，糖度超过了日本的静冈番茄，以每斤12元的价格供不应求。种100亩好吃不难，种1万亩都好吃就是很大的挑战。为此，我们联合梁滨教授研发智慧种植系统，融合黄金籽的高品质模型让系统进行深度学习并持续优化。"计算力"变成了"生产力"，突破了高品质标准化种植的难题。该系统有27项专利通过了科学技术部成果认定，达到国际领先水平。

CCTV 也做了《用大数据种出好番茄》的报道，我们成为生态番茄标准的制定者，并跟阿里巴巴集团筹建了山东首个数字化标准基地。

我们已经在6个省进行模式复制，总面积超过5 000亩，盘活扶贫资金超过5亿元，带动了1 000多人就业。从"小而美"进化为"大而强"。

3. 销售模式

种得好，还要卖得好。我们注册了黄金籽商标，自营了6家线上旗舰店，凭借差异化的产品力，复购率达到了60%，实现了品牌从"0"到"1"的跨越。

我们还研发了基于兴趣算法的内容创作工具，以"火山小哥"为IP进行内容输出，让黄金籽既有价值、又有价值观，单个视频点赞量经常超过10万人次，一天带货超过1万箱，销售额超过5 100万元，成为天猫、抖音平台的销量冠军。

现在，我们又创新了"社区短链电商"模式，以种植基地600千米为半径，以用户订单密度为支撑，开设仓店一体的"番茄牛腩面"连锁店，用体验占领用户心智，再用番茄售卖车服务周边社区，实现了基地直达餐桌。通过3个阶段的发展，我们打通了线上线下，并汇聚了100万的私域流量池。在极度分散的番茄领域形成了首个品牌认知，预计2022年我们的销售额将突破2亿元。

4. 社会效益

在共同富裕方面，我们创新了品牌合伙人模式，培训了1 000多名村民做直播，让他们既赚了种植的钱，又赚了品牌的钱，人均增收3万元以上。我们还带动了多个村集体增收超过100万元，人民日报和新华社都将其作为共同富裕的案例进行宣传。同时，我被聘为山东省农业管理干部学院的客座教授，用黄金籽模式培训了全国1万多名新农人。

5. 发展规划

未来，我们将依托数字化一手抓品质，一手抓品牌，不断满足5亿中产阶级的新需求，将黄金籽打造成百亿元市值的新消费品牌，争取在2026年实现资本上市，目前已经与浪潮集团达成投资意向。

作为一名IT新农人，何其有幸参与到波澜壮阔的乡村振兴大潮中来，我们将致力于让更多农民享受到数字化的红利，为共同富裕贡献黄金籽力量。

种 植 业

▶ 现场问答

评　委：西红柿好吃是品种的原因，还是水肥的原因，或者是其他的因素？

梁其安：我觉得品种是其中最关键的因素之一。我们之所以有一套电商栽培模式是因为，西红柿要出现好的口感，除了品种外，还要通过栽培模式激发基因的表达能力，然后让其在糖酸比上有一个非常合适的区间。但如果没有大数据和智能设备的支撑，是很难做到这种标准化输出的。我们通过这三方面的合力，最终形成了这个好吃且糖度高的西红柿。

评　　委：你们公司的西红柿品种是自己培育的，还是跟其他单位合作的？

梁其安：现在这个品种的知识产权在我们公司。我们筛选了全球100多个品种，找了相对比较好的品种开始运作，当时这种高口感型的西红柿在市场上是小众产品，后来我们跟梁博士合作，他在日本做了10年的育种，主要是研究口感性的，但是该小众产品销量太小没有实现市场化，我们就把它引入我们公司，持有我们公司的股权共同发展。现在，我们不但有自己的新品种，同时还在持续繁育，让这个品种的稳定性持续提高。

评　　委：你们的主要盈利点在哪儿？

梁其安：目前主要盈利点就是番茄鲜果的售卖，鲜果售卖量达到了80%～95%；同时我们还在做番茄罐头、番茄汁、番茄牛腩面等，这些未来可能会有成为一个更大的成长空间。番茄罐头、番茄汁我们可以做跨境电商，带动更多村民参与到我们品牌的增值收益里。

科技葛根高附加值产销

项目介绍

我是广州崧源农业科技有限公司的创始人吴俊松,我们致力于科技葛根高附加值产销项目。

1. 企业情况

我们公司是一家主营葛根产销产业链的高新技术企业,目前全国范围内葛根总产业规模 5 000 亩,2020 年营业收入超过 6 000 万元。葛根是一种药食同源的豆科植物,葛根中含有的异黄酮和葛根素是治疗早期糖尿病药的主要原材料。中国每年需要进口 90% 的大豆,因此大豆属于"卡脖子"项目,而全世界 80% 的葛根在中国。探索某些应用领域内用葛根来减少大豆的进口,将成为一个市场潜力巨大且十分有意义的事情。

2021 年广东省中医药局出台的预防新冠肺炎疫情的红头文件中,将葛根列为主要药用材料，这使我们原先四个半月才能卖完的货，现在一个半月就卖完了。

2. 核心优势

虽然市场巨大，但纵观当前我国的葛根种植现状，小而乱的现象横生，无标准、少科研投入阻碍产业发展。而我们凭什么赢在前头呢？

首先，我们定制了三大标准体系，包括鲜食、功能食品开发与药品。

种植端我们实现了集约化和机械化，我们也是全国唯一一个实现全机械化种植葛根的企业，为整个产业累计节省38%的成本，已授权13项实用新型专利，并有1项发明专利。

在应对同质化问题上，我们公司注资1 000万元与华南农业大学共建葛根研究院，构建葛根种苗库，从种子端开始为这个产业保驾护航；同时，研究葛根提取物方向。

过去几年,我们依托自主培育的早上市品种与高产品种,拥有了一定的产业话语权。其中,早上市种苗可领先行业3个月上市,市面上,6—8月的新鲜葛根均为我司供应,极大地抢占了市场先机;高产种苗的产量比传统种苗增产30%左右。

葛根研究院做的新种苗成长试验,也是我司参与的第三个新品种的选育。15天试验长势等同于传统两个月的长势,倘若大田试验成功,有望实现一年两造,颠覆产业布局。

我司还研发系列葛根产品,如解酒饮品与葛根蛋白。目前,解酒饮品成功通过3次动物试验,正在与一些上市公司协商出品,筹备上市;通过一系列的对比试验,也发现葛根蛋白能完美替代大豆蛋白,主要应用于酱油、植物肉等方面。

3. 销售渠道

过去几年,产品主要销往华南区的大型连锁生鲜店;现如今我们也投入了加工厂,分拣分级,提高产品毛利;2020年,我们开始布局海外市场,模式立足于全产业链,这点从我们的盈利点也可以看得出来;并且随着我们对于产业链的深入,我们在技术和服务版块的盈利会逐年增加。

4. 社会效益

一个好的农业扶贫项目离不开带动农户,截至目前,我们惠及农户超过2 000人,人均增收超过1.2万元。我们的项目也得到了许多地方政府的关注,如贵州三都县以及广西梧州,广西梧州作为全国种植葛根最多的城市,得到副市长亲自带队考察,这是对我们技术的最大认可。

5. 团队建设

我们的团队主力虽然是"90后",但我们创始团队平均创业年限超过5

年，一直扎根于农业和生物领域，我本人也刚获得"全国乡村振兴青年先锋"称号。通过我们的努力，公司也获得了"高新技术企业、科技小巨人企业"的称号，并在多个国赛中获奖。我们的项目也得到了CCTV等主流媒体的多次报道。

6. 发展规划

我们的财务状况一直处于稳定增长的趋势，近3年营业收入增长超过10%，目前已有多个意向投资方。从做这个产业之初，我们就进行了产业规划与布局，过去的几年我们已顺利完成既定目标，目前整个产业我们投入了4 500万元；未来5年，我相信我们能成为这个产业的统筹者。

回首这一路，我们不忘初心，带着更多的农民一起创业！

▶现场问答

评　委： 你们现在5 000亩土地都是流转的吗？

吴俊松： 对，我们是流转过来的土地，每亩流转费700～1 400元，每亩的产量为两吨。

评　委： 产量与你的同行业比，能高多少？

吴俊松： 可能就高了几百斤，我们的优势主要在于有一个品种能早上市，在其他环节提高了一个附加值。

评　委： 两吨的葛根市场售价多少钱？你的成本多少？

吴俊松： 如果按批发价的话是2.5元/斤，平均每亩1万元左右，每亩成本是4 500～5 000元，主要的成本是土地跟肥料，人工也算一个比较大的投入，1亩的人工成本也要1 200元。

评　委： 产品质量上有没有优势？

吴俊松： 第一个优势是早上市；第二个优势是我们加工的品种；生鲜品种跟加工品种是两套体系，两套体系里面的葛根素、异黄酮的含量是不一样的。

评　委： 你们的加工品跟其他葛根加工品有什么差别，优势是什么？

吴俊松： 我们目前的优势主要在两方面：第一，我们有规模化的产业布局，足够给这些药企进行稳定的供应；第二，我们的新品种葛根素的含量比同行高了7～8个百分点，而且品质稳定，很多药企都愿意跟我们合作，现在广药集团已经在跟我们洽谈合作方向。

甜西瓜 矮个子——西瓜藤蔓矮化品种的选育及产业化生产

项目介绍

我是来自山东省潍坊市的金炳奎，今天我汇报的项目是甜西瓜，矮个子——西瓜藤蔓矮化品种的选育及产业化生产。

1. 行业背景

说到西瓜，我想在座的各位都吃过，对它并不陌生。中国的西瓜种植面积约 2 250 万亩，每季种子需求量超千亿粒，每年生产 6 000 万吨，同时消耗 8 000 万吨，市场非常巨大。然而瓜农的收入并不理想，究其原因如下。

首先,产量是影响收入的重要因素,目前,每亩地仅能种植大型西瓜800株,小型西瓜1 800株,密度非常的低,主要原因是西瓜的藤蔓可以长到2～3米,非常占用土地使用面积,从而影响其产量。

其次,在西瓜的生长过程中,每一片叶子下面都会长出一个侧枝,侧枝会消耗过多的养分,需要人工定期的整理去除。以山东省为例,山东省西瓜种植面积约220万亩,每亩地的人工费约2 000元,这样每季用于侧枝整理的费用在44亿元左右。

最后,在西瓜采收后,每亩地会产出约1吨的废藤蔓,西瓜藤蔓自然降解非常缓慢,同样需要人工整理。每亩地的人工费约500元,每季用于藤蔓整理的费用为11亿元左右。西瓜藤蔓长,占地大,管理费工费时,还造成环境污染。

2. 解决方案

通过研究发现,藤蔓的长短是由隐性基因调控,传统育种无法解决。我本人曾在博士期间利用分子生物学技术,筛选出与藤蔓缩短相关的基

因。毕业时我放弃了留校机会，带着我的研究成果和几粒西瓜种子，回到自己的故乡开启了创业梦，至今已经培育出矮化和簇生两个新品种。

　　簇生西瓜非常矮，株高只有30厘米，非常适合大型西瓜的陆地栽培，可以增加2～3倍的种植密度，每亩地可以为农民增收约4万元。矮化西瓜的株高能到90厘米，比较适合礼品瓜的吊蔓栽培，瓜没有阴阳面，商品性较好，每亩地可以为农民增收约1.5万元。这两个品种在生长过程中都不需要进行侧枝整理工作，节省大量人工，同时大幅度减少了藤蔓的产出，降低了环保压力；而且培育的西瓜品质甘甜可口，满足市场的需求。这两个品种的种植方式也颠覆了目前西瓜的种植模式，填补了国内外的空白。另外，这个项目已经成功申请到2项发明专利和10项实用新型专利。

3. 团队建设

好的项目离不开好的团队。公司为了确保项目的顺利实施，组建了从科研到销售的专业团队。我本人毕业于韩国釜山大学，获得分子生物学博士学位，一直致力于西瓜育种工作，回国后很荣幸地获得了"鸢都产业领军人才"称号，目前是本项目的负责人。我创办的公司位于潍坊市中国食品谷总部基地，这些年相继获得了市级重点实验室、山东省院士工作站以及龙头企业等荣誉。在研发方面，公司同时与韩国的郭尚洙院士以及韩国三所大学的三位教授达成合作协议，为我们后续的研究升级提供技术支持，让我们的产品具有可持续性。

4. 营销模式

营销方面，我们也与多家种植园区达成了合作意向，并在全国多省建立了省级代理协议。

同时，我们公司在全国 5 省建有 3 000 多亩的种植示范基地，带动农户种植，目前已带动 386 户种植户和 2 000 人就业。我们针对农户，为他们提供种子和温室，当瓜成熟后，我们通过无损检测线对瓜进行评级回收，回收价格最高达 18 元/斤。

5. 发展规划

预计到 2024 年，种植面积将推广至 4.4 万亩，销售额突破 5 000 万元。项目计划融资 1 000 万元，用于后续的市场推广和技术升级。

优奈尔让种子插上科技的翅膀，助力潍坊模式创新腾飞。

▶现场问答

评　委：培育品种需要很多投入和时间，你们靠什么盈利？

金炳奎：我在国外读博士期间已经将前期的一部分工作完成了，相关的基因也已经找到，可以定向指引后续产品的培育；回国后，我也找到了合伙方注资，目前这个产品已经开发出来，面向全省找了代理商开始试种，现在还在初试阶段，还不敢大规模往外销售，但目前已经开始盈利了。

评　委：你通过什么样的方式把你的品种推广到包括山东以外的其他地区？

金炳奎：我们销售团队针对此问题也做了相应的规划，在新疆、甘肃、海南、山东等省（区），借助合作伙伴搭建种植示范基地，现在种植面积已超过3 000亩，带动农户一起种，然后再回收，这样可以大大提高品种推广效率。

阿克陶县年产 234 万棒香菇推广

项目介绍

我叫陈建国，来自祖国最西部的新疆维吾尔自治区阿克陶县，本次大赛对我们创业者来说是机遇、也是挑战，我很高兴、也很荣幸在这里同大家一起分享我的新疆创业故事。本次参赛的项目是年产 234 万棒的香菇产业。

一、创业情景

我是一名退伍军人，2018 年我怀着对新疆的热爱和心中的援疆梦，毅然从陕西老家来到了阿克陶县，创办了阿克陶康太菌业有限公司。刚到阿克陶，那里的老乡对香菇很陌生，于是当年我投入了 2 万袋进行了试种，在攻克了盐碱水质和极端天气等一系列问题后，当年喜获丰收，也因此终结了南疆无种植香菇的历史。接下来我教给他们烹饪技术，教他们如何食用香菇，同时给他们讲解香菇的种植技术以及如何收益，慢慢地老百姓对香菇有了更深的了解。

二、发展情况

在当地政府的引导下，2019 年我们发展了 12 个村的香菇种植基地，从而形成了一厂、两园共 12 个基地的产业发展规模；每天我驱车 200 公里为他们讲解技术，2020 年香菇大获丰收，农户收入增加，同年公司也被新疆维吾尔自治区评为脱贫攻坚先进单位。

三、产品介绍

香菇被发现至今已有 800 多年的历史，其特点是价格稳定，市场需求量大，我公司的香妃菌牌香菇是由帕米尔高原的雪水培育而成，所产的香菇个大、肉厚、花纹多，并含有多种维生素，营养极其丰富，收获的香菇全部销往乌鲁木齐、兰州、西安等市场；同时干香菇远销到韩国、日本等国家。香菇产业也被当地人称作脱贫致富的"金蛋蛋"。

四、技术团队

公司和新疆农业科学院建立了长期技术合作。我们从菌种到采摘等工艺流程做到手把手地教，面对面的学；公司每个技术人员都有 10 年以

上的香菇种植经验。我本人在食用菌方面也申请到 20 项国家实用型专利，CCTV 也做了实地的采访报道。

五、社会效益

公司始终秉承"做给农户看，教会农户干，带着农户赚"的经营理念。三年来，共带动 874 户农户种植香菇，每户每年纯收入 1 万元以上。下一步，我们将开发香菇酱、有机肥等深加工项目来延伸产业链，进一步提高产品的附加值。为新疆社会稳定，长治久安、民族大团结作出应有的贡献。

六、财务分析

经过两年多的经营，公司产值从 2019 年的 537 万元增长到 2021 年的 992 万元。预计未来 3 年产值可达到 1 400 万元以上，逐步形成"门前有瓜果，屋后有香菇"的庭院经济模式。

回顾 3 年来的创业之路，我们经历了风灾、雪灾、疫情、地震、语言不通等种种困难；但最终收获了成功的喜悦和肯定的掌声，更得到了当地群众的一致赞同。

▶ 现场问答

评　委： 你们现在和农户的合作模式是什么样的？

陈建国： 目前我们和874户农民合作的模式是公司做两头（即生产培育和研发），然后将培育好的菌棒，发放到农户的大棚里面，教他们如何去管理（包括采摘），采摘完后我们全部保价回收。

评　委： 现在香菇初级加工和深加工的比例是多少？你觉得在新疆生产香菇和其他地方相比，有什么独特的地方？

陈建国： 深加工占比30%，主要是香菇酱和干香菇。独特之处在于：①我们这个地方离边界很近，当地也很穷，老百姓对产业的渴望比较强烈，所以在用工上老百姓比较配合；②新疆海拔比较高，昼夜温差大，光照时间长，我们所产的香菇个大、肉厚、花纹多，并且维生素含量非常丰富。

评　委： 目前的销售渠道，主要靠线下还是线上？

陈建国： 我们主要是以线下鲜菇市场为主，也有电商，主要在国家832扶贫平台；当前也在跟阿里巴巴等洽谈，向线上市场迈进。

槑莓——莓果类产业链服务商

项目介绍

我叫范晋铭,来自四川,今天我汇报的项目是槑莓——莓果类产业链服务商。

1. 创业背景

我是一名在路上的海归新农人,留学欧洲 4 年,本科在全球排名第一的农业高校荷兰瓦格宁根大学学习农业经济;硕士在北欧最古老的大学瑞典隆德大学学习创业学;今年我还考入北京大学光华管理学院 MBA 专业,成为一名北大学子。我创办蔚农科技的初衷是看到了国内农业农村巨大的发展潜力和庞大的中产阶级消费市场,我们聚焦莓果品类,希望将国内外领先的莓果类新品种、新技术、新人才和新理念带回国内,发展现代新农业。

2. 项目介绍

中国莓果类市场拥有百亿级以上的规模，种植面积超过 300 万亩；过去 5 年，年复合增长率 37%，有着约 4.7 亿人的中产阶级消费者。从全球来看，这个细分市场也诞生了包括怡颗莓、佳沛等优秀头部企业。因此，我们选择被誉为新一代"超级水果"的奇异莓作为切入点。

3. 团队合作

我们与世界百强名校比利时根特大学进行战略合作，引进优质奇异莓品种和技术，打造水果界的"拇指精灵"。为了弥补国内种植技术的空白，降低试错成本，我们邀请全球奇异莓领域最资深的研究专家比利时根特大学的菲利普教授，作为我们的首席技术顾问。

除此之外，我也凭借自己海归背景的优势，积极开展与国外顶尖专家的技术交流与合作，包括两位俄罗斯科学院院士、世界猕猴桃之父新西兰皇家学会的弗格森院士、国际园艺学会猕猴桃分会会长科斯塔教授以及来自美国、法国、波兰、以色列等外国专家。我们不断拥抱科技和创新，在引进外国智力的同时,也积极和国内科研院所开展科技项目合作,包括四川农业大学、西北农林科技大学等,并获得了丰硕成果。

4. 技术优势

我们的奇异莓成功入选农业农村部全国名特优新农产品目录,并通过了四川省科学技术成果登记;此外,我们还获得农业农村部授予的6个植物新品种保护权和多项发明专利。也因此取得了高新技术企业认定,并通过了绿色食品认证,实现285项SGS检测零农残。

5. 企业发展

为了打开消费端需求,我们在品牌IP打造和孵化上也投入巨大人力、物力,注册了棵莓品牌,以极具亲和力的呆萌可爱的IP形象推广我们的奇异莓产品,并做了精准的产品定位。供应链端,我们与佳沃鑫荣懋、九曳、好果云等在全国核心城市建立分销加工分拣仓,以高标准的品质快速响应不同渠道的供应需求。去年我们与八大零售品牌合作,短短一个月鲜果销售额突破500万元,并成功进入Costco和山姆会员店,这两家也代

表了国内最顶尖的零售渠道。

6. 商业模式

农业种植领域面临四大现实问题：品种问题、技术问题、效率问题和销售问题，简单说就是如何能够"种好并卖好"。为了解决这个问题，我们以产业链运营思路，聚焦品种端、技术端、供应链和品牌端，打通产业链并形成闭环，商业模式也从纯粹的农业种植者变为细分品类产业链服务商。因此，我们推出棵莓联合种植计划，以合作占股的模式快速形成特色产业化发展。

7. 发展规划

截至2021年，我们带动全国种植面积超过1 500亩，其中四川省雅安市雨城区超过600亩，涉及22户种植大户和2个贫困村，原来遭受猕猴桃溃疡病重创的果园通过品种的升级换代，重现活力。我们也积极在全国进行布局，并将第一个合作基地落户浙江金华，并陆续在云南、湖南、湖北、辽宁等地建立了联合种植基地。

未来3年我们预计营收将突破3 000万元，合作基地超过20个；同时在奇异莓基础上探索发展新的水果品种，形成可持续发展态势。

我们公司的愿景是："种好，卖好，振兴乡村"，希望通过棵莓这个品牌，用美味健康果实，愉悦你我生活！

▶ 现场问答

评　委：你谈到的这个莓果是猕猴桃的一个变种，那你们在市场定位的时候和原有的小浆果类的定位有什么区别，竞争的优势在哪里？

范晋铭：奇异莓的学名叫软枣猕猴桃，他本身也是小浆果的一个品种。它具有3个优势：第一是它非常健康，被誉为超级水果。它和树莓、蓝莓类似，拥有非常丰富的维生素，包括多酚类等一些物质，非常有利于人体的健康；第二是它的迷你个头，方便性、实用性能够很好地迎合当下的消费需求；第三是国内消费者的需求是不断升级的，同样也需要更差异化的产品来满足未来消费者的需求。

评　委：奇异莓这个水果的供应链和其他水果的供应链有什么差异？这个水果在供应的过程中面临的主要问题和挑战是什么？

范晋铭：奇异莓这个单品，供应链是一个非常大的挑战。相比于猕猴桃，储藏期要短很多，同时，它和蓝莓和草莓也不一样，蓝莓和草莓是分批次成熟，奇异莓是整体成熟，需要一次性采收入库后，再慢慢进入到市场进行销售，所以供应链非常重要。因此，我们在供应链上也做了一些探索和突破，我们基于产地仓建立销地仓，把产地产出的原材料处理后直接发到销地，在销地进行包装、催熟、发货，这样能够响应渠道的订单需要，同时能够满足消费者拿到奇异莓就可以吃。

乡村振兴"绿色引擎"——沙漠生态口粮田

项目介绍

我是在沙漠边缘种南瓜的李斐。"青山"到底还有多远？这是我们每一个生活在青山农场的农垦人始终在思考的问题。

1. 创业背景

随着社会经济的发展，统购统销的年代一去不复返，生产成本高、产量低下的农作物早已被市场所淘汰。历经了长达半个世纪的抗沙也没有换来梦想中的"青山"，越来越多尚有能力的农垦人都选择了"出走"。但当我真正离开农场，走进城市打拼时，我突然意识到挣钱虽然是生活的必需，却不是一辈子的事业。看到父母成为青山农场为数不多的"留守者"，我便萌生了做农业的想法。

2. 项目介绍

经过反复考察研究，我们最终选定了适宜沙地种植的南瓜作为突破口。一方面，它需水量小，易于运输保存；另一方面，它叶片较大利于含蓄水源，腐败的瓜藤可以改善土质；不仅利于农户创收，还具有良好的固土防沙效果。2017年，我们结合它粉糯香甜的特点，通过"互联网+"的模式，率先提出"沙漠板栗南瓜"这一概念，并给它赋予了办公室速食、宝宝辅食等新的食用场景，将这样一个小众单品在传统电商平台上做到了全网销量第一，年销售额突破2 000万元；2018年，我们成功引进农作物根部滴灌技术，开始带领当地农户大面积种植南瓜，总面积近万亩，总产量近1 500万千克，一定程度上解决了当地的种植难题，提高了农户的经济收入水平；2019年，我们根据行业发展趋势，开始进驻抖音平台，积累了20多万高精度、强黏性的粉丝人群，销售额达3 000万元。

3. 发展情况

三年成功的种植销售经验让我明白一个道理:"品质是消费者永恒的追求"。我们的南瓜因为用到的化肥少、口感佳,能让消费者买得放心、吃得安心,所以才得到了大家的好评和认可,也才有粉丝向我提出了越来越多的产品需求。

2020年,我们结合西北地理气候特点和消费者需求开始着手打造"沙漠生态口粮田"项目。共流转土地1 200亩,探索种植包括南瓜、蜜瓜、番茄、土豆,以及玉米、小麦等各种杂粮,通过严选种植品类、优化种植技术,带动周边农户发展订单农业,以农户们的种植经验服务于我们的种植理念,在保证食品安全、服务顾客需求的同时,逐步让优质绿色的西北农业特色产品走向全国,为当地的乡村振兴和生态治理作出贡献。

4. 发展愿景

什么事情可以作为一辈子的事业?我想,重新回到人类的衣食之源、生存之本,探索农业在经济社会发展和生态环境治理双重考验下的发展道路,才是作为一名新农人未来努力的方向和需要解决的问题。

种 植 业

▶ **现场问答**

评委：你们对贝贝南瓜这个品种进行了改良，请问有产权吗？

李斐：没有，贝贝南瓜是大家都可以用的，只不过我们那个地方种出来的贝贝南瓜相对其他品种更加粉糯香甜。

评委：您融资了一次300万元，给了40%，是有溢价吗？

李斐：这个是我们的另一个项目，也属于沙漠生态口粮田项目，目前项目总投入是960万元。

评委：对于未来几年的预估，你们是如何预估的？

李斐：我们是根据这两年每年的递增情况预估的。

"良种 + 良方"枸杞高效栽培技术推广应用

项目介绍

我是来自宁夏杞鑫种业有限公司的邢学武,我今天带来的项目是"良种 + 良方"枸杞高效栽培技术推广应用。

1. 项目背景

"世界枸杞看中国,中国枸杞看宁夏,宁夏枸杞甲天下",宁夏枸杞有着600多年的人工栽培历史,宁夏中宁枸杞种植与文化系统也被列入国家重要农业文化遗产。20世纪90年代,宁夏的枸杞鲜果亩产一度达到了2 000千克的产量,但是发展到今天,由于品种产能的退化和种植技术的固化,枸杞的鲜果亩产已不足750千克,且投入在不断地增加,导致种植农户和企业连年亏损,造成这种局面的关键因素在良种。

2. 产品介绍

2021年中央一号文件明确提出:"要坚定执行良种战略,打好种业翻身仗"。在这一政策的激励下,我公司不断进行良种的研发培育,我们以宁杞4号为父本,宁杞5号为母本,进行杂交对比试验,历经10余年时间终于研发培育出一种枸杞优新品种——宁杞10号。此品种果粒大果实均匀,生长力旺盛,自交亲和力强,不需要配置授粉树即可单独建园,产量提升30%～50%;和其他3个品种相比种植优势明显,可以有效降低管理成本。该品种已形成了一整套高效的栽培管理技术模式,除了在水肥管理和植保方面的改进创新以外,其重点在于树体培养与量化修剪,独创二层楼、三层楼式的树形培养技术,果条量增至原来的3倍以上,鲜果亩产提升至1 250千克,亩均收益提高3 000元以上。

3. 商业模式

为了全面普及这种"良种+良方"的种植模式,保障种植户的利益,

我们联合产业内优质企业，组成社会化服务联合体，以托管式服务和订单式生产模式，为种植端提供良种种苗和高效的种植解决方案，为消费端提供优质的标品货源，实现"种出好品质，卖出好价格"。目前已在宁夏地区打造了一个枸杞产业高地，建设了 24 个示范点，以点带面，以面带片，让种植户看有实物，学有方法，种有技术。

4. 核心资源

我们成立中宁枸杞种质资源保护与研发中心，建成宁夏枸杞种质资源保护库，建设 3 000 亩良种快繁基地，收集保护了 200 余份枸杞种质资源材料和 2 000 多棵枸杞古树资源，研发培育出 7 种颜色各具特色的七彩枸杞，为国家枸杞良种产业发展奠定了基石。

5. 团队建设

公司创始团队由以董事长朱金忠为首的 7 名科技特派员共同构成，由于宁杞 10 号的成功研发，董事长朱金忠于 2019 年荣获中国林业产业突出贡献奖，并被聘请为国家林草乡土专家。专家团队是由宁夏枸杞首席专家

曹有龙博士牵头组建，并且与国家枸杞工程研究中心、中国科学院、宁夏农业科学院等科研院所签订合作协议，共同推进成果转化。目前该项目已获得3个枸杞新植物保护权证，8项实用新型专利，制定了2项良种繁育行业技术标准。

6. 社会效益

在该项目的示范带动下，枸杞种植户的信心得到了全面增强，今年中宁产区一年就新增了4.6万亩的种植面积，全年带动4万人次的就业，带动40万杞农受益；我们还联合中国绿化基金会共同开展"幸福家园——西部绿化行动"生态扶贫项目，在宁夏移民区开垦沙荒地8 000亩进行规模种植，免费为移民群众提供种苗和技术指导，有效增加移民区群众来自枸杞种植的收益，让荒漠变绿洲，让移民依靠产业致富。

7. 发展计划

该项目前3年的推广业绩呈逐年递增趋势，预计未来3年将实现销售收入7 000万元，带动枸杞种植产业增收20亿元。计划融资2 000万元，出让10%的股权，用于良种研发和现代种业创新示范基地建设。我们将在"十四五"规划期间，向全国主要枸杞产区推广种植30万亩，社会化技术服务覆盖面积50万亩，良种覆盖率达到95%以上。

"天下黄河富宁夏，宁夏枸杞甲天下"，我们将努力做好中国枸杞产业的"芯片"，让千千万万的杞农走上增收致富的康庄大道。

▶ 现场问答

评　委：现在4万多亩园子都是种的宁杞10号，你们是如何解决单一品种建园以后品种退化和病虫害风险的？

邢学武：现在枸杞产能退化是比较严重的，但是宁杞10号这个品种我们在研发时就在解决产能退化的问题，我们在研发过程中历经了10余年的时间，把这个性状整个稳定下来。另外，在技术方面，我们现在是通过改进传统的质保和水肥管理，我们有"六统一分"的种植模式，最主要的是修剪方式，传统的修剪方式对枸杞树的整个生长有一定影响，可能造成它提前衰老，而我们的修剪方式非常科学，可以提前预防产能的退化。宁杞10号是属于自交亲和力强的一个品种，不需要配置授粉树即可单独建园。

种 植 业

评　委：你的介绍书里面提及未来3年你们可以实现在全国其他地区推广种植面积20万亩，你们将采取什么样的方式和方法？

邢学武：我们公司这几年的发展过程中，西北五省的各大枸杞主要产区用的枸杞种苗也是来源于我们公司，所以我们现在这几年的市场影响力和口碑是有一定的基础。另外，在种苗推广过程中，我们联合整个产业的上下游企业包括农资企业、劳务服务、技术服务、机械服务等公司，组成了一个社会化服务联合体，在政府部门的主导下，进行社会化服务，也就是说枸杞种植户拿到这个种苗，在种植的过程中，包括产前、产中、产后的技术是有全面保障的。

草莓小王子

项目介绍

我是草莓小王子项目团队的汇报人吴中平,来自江苏省,很荣幸今天能够站在这里和大家分享我的创业故事。

1. 创业背景

草莓种植周期短、效益高,是一个强企富民的好产业,我最初创业就是从帮助百果园草莓收购开始的。在收购草莓时,我们了解到农户种植草莓十分辛苦,又赚不到钱。究其原因主要有三点:一是生产研发能力薄弱;二是缺乏采后保鲜技术;三是没有稳定的销售渠道。于是我们一直在思考:有什么好的方法既能够帮助农户,又让企业获得竞争优势。

2. 解决方案

通过调研，2017 年我们在南京溧水建立基地，解决草莓种植、标准、保鲜、销售问题。

在技术方面，我们与多家高校、科研院所开展技术合作，创新了从夜冷育苗到省力化栽培等多项核心技术，使草莓提早 1 个月上市。

在保鲜方面，我们采用压差式预冷和等离子灭菌存储技术，使草莓的保鲜期延长了两倍，自建的气囊减震冷链车队，使损耗降低了 10%。

目前，我们拥有了国家专利 14 项，企业标准 22 项。

在销售方面，我们与 20 多家渠道建立了长期稳定的合作关系，成为百果园最大的草莓供应商，2018 年百果园、优果联入股金色庄园 1 988 万元，让我们在销售和技术方面有了强有力的保障。我们成功将自建品牌莓小兔入驻世界知名零售企业 Costco，拓宽了产品的销路。

目前，我们建成了全国单体量最大的草莓种植基地 5 200 亩，订单合作基地 3 万亩，业务范围遍布全国 23 个省市。

3. 社会效益

我们始终以带动农民致富为己任,带动地方就业 6 676 户,农户户均收入 30 万元/年,同时我们还吸引了 529 名返乡青年参与到草莓种植中来。

目前,我们已完成安徽长丰、云南曲靖等 5 个地区的基地布局,打造草莓生产全产业链成为乡村振兴的新模式。

我们与江苏农林职业技术学院联合开办订单"金莓班",每年全额出资学费培养大学生 30 名;与多家高校建立实训基地,每年提供就业岗位 200 余个,成立农民田间学校,每年免费培训 3 000 余人,助力乡村人才振兴。

我们时刻不忘社会担当,不论是在新冠肺炎疫情期间,还是在河南洪灾期间,向一线抗疫人员和受灾严重地区,累计捐赠物资达 100 余万元。

4. 获得荣誉

一路走来十分感谢政府和社会各界对我们的肯定，今年我们也被评为了国家级重点龙头企业。

我们的创业事迹得到了新华日报、人民网等多家主流媒体的跟踪报道。

目前，公司销售额逐年增长，今年将突破 4 亿元大关。

作为创始人的我，也荣获全国农村创业创新优秀带头人等 10 余项称号。

5. 团队建设

我们现有员工 94 名，多为"90 后"，团队年轻、专注、专业，为农业发展带来新的活力。今年我们入职 1 年以上的员工也都享受到了股权激励，在新农人的前进道路上干劲十足。当然我们的好成绩也离不开以赵亚夫先生、沈其荣院士为首的专家顾问团队的倾情指导。

6. 发展规划

未来，我们将以南京溧水的草莓示范园为样板，复制公司模式推广至

全国。预计2025年，我们将建成核心基地3万亩，辐射面积10万亩，产值突破20亿元，创造就业岗位10万个。

民族要复兴，乡村必振兴。我们将不断助力国内国际草莓产业的发展，让小草莓走出中国，走向世界！

金色庄园，助力乡村振兴，奔赴金色明天。

▶ 现场问答

评　委：你们公司几个亿的营收主要靠什么？

吴中平：今年营收能到4个亿，营收主要来源于草莓鲜果销售、融资和种苗。目前是以鲜果销售为主，但品种已经下了大功夫，普遍草莓的种苗成活率在80%～90%，我们种苗的成活率已达95%，未来种苗在公司整个营业额的占地将达到1/5左右。

评　委：现在主要是靠线上还是线下销售？

吴中平：我们主要是以线下为主，通过百果园、盒马鲜生、Costco、Ole'、华润、万家、批发市场等渠道销售，目前我们莓小兔草莓品牌已经在市场正式开始销售。

种 植 业

评　委：你们公司的品种具有自主知识产权吗？

吴中平：目前我们还没有自己的品种，但是我们在和中国农业科学院、江苏省农业科学院一起做研发，目前已经有200多个种质资源。

评　委：储存保鲜上你们有什么新的技术，另外，这个在市场营收中也占有一定份额吗？

吴中平：我们在产后处理这块，让草莓保鲜期延长了两倍。首先，冬天草莓在大棚里面，温度还是比较高，因此我们将田间采下来的草莓立马进行降温，使果体恢复硬度，让保鲜期延长；其次，采用等离子灭菌存储技术延长保鲜期。

高原羊肚菌产业链——绿色农业示范

项目介绍

我是来自青海卓辰农业的张国平,今天我带来的项目是高原羊肚菌产业链——绿色农业示范。

1. 产品介绍

羊肚菌是一种珍稀食用菌,因上部呈羊肚状而出名,具有益肠胃、化痰理气、提高人体免疫力等功效,是一种食药两用菌。青海由于独特的地域环境,羊肚菌生长周期长、昼夜温差大使得高原羊肚菌个头大、壁厚、营养成分更为丰富。

现代的羊肚菌保健产品老少皆宜,打破了传统羊肚菌只能煲汤的食用方法，打开包装就能食用；消费人群为注重养生、对高端食材要求较高的客户群体。

2. 行业痛点

野生羊肚菌主要生长在高寒冷凉的地方，对气候环境影响较大，有一定的种植技术要求，所以它的产量不稳定，附加值太低，产品形式比较单一。

3. 解决方案

我们的种源来自青海，利用高寒冷凉气候，有一套完整的技术体系，已经突破了羊肚菌反季节、周年性栽培，利用农业废弃物进行羊肚菌栽培，基质回收利用做小麦的有机肥，做真正的生态循环农业，产品绿色健康。

我们全程不施用农药化肥，种植加工取得了双有机认证、质量管理认

证和 HACCP 体系认证，为打造青海省有机农畜产品输出地尽一份自己的力量。

目前市场销售的羊肚菌主要以鲜品和干品为主，由于受季节影响，产品供不应求，深加工产品更是寥寥无几。

我们利用羊肚菌结合青海特有的青稞、沙棘、枸杞进行产品深加工，研发的产品有青稞羊肚菌能量棒、多种口味的含羊肚菌多糖成分的糖果、羊肚菌肽蛋白等系列产品，将羊肚菌打造成形式多样、配方可以根据不同人群进行调节的，具有保健功能的功能性、保健型食品。

从羊肚菌的检测和深加工产品的相关检测数据看，我们将羊肚菌的附加值进一步开发，不受季节、时间限制，可以在 60 天内达成量产，且将农业残留及重金属降至最低。

4. 核心专利

目前公司已有 5 年的羊肚菌种植经验，拥有近 20 项专利，公司已经在股权中心科创板挂牌。2020 年高原有机羊肚菌产品列入全国乡村特色产品，被农业农村部推广，同时公司被省、市评为农牧产业化龙头企业及省、市级科技型企业。

5. 团队建设

我们有专业的种植人员，与浙江大学、天津国际药研院建立长期的战略合作，用最优异的环境生产最健康的产品。

6. 经营模式

我们采用"公司＋品牌＋农户＋基地"的合作模式进行产业推广，带动农户进行羊肚菌种植，确保产量的同时进行产品深加工；目前已经完成市场调研和样品检测，接下来要做的是羊肚菌深加工产品的工厂化生产，保证原材料供应，深化羊肚菌产业链。

我们的商业模式采用带动农户进行种植的轻资产运营，产品回收后利用自有平台、代理商家、广誉远、大北农等渠道进行销售，保证人人能吃到我们的高品质羊肚菌。

7. 发展规划

目前，我们的产品主要销往"北上广"，我们的目标是：立足青海，辐射全国，走向全国。五年内我们的种植规模要推广到 5 000 亩，建立羊肚菌深加工工厂，产值预计可达 5 亿元。

我们利用产业扶贫带动乡村振兴，产业兴旺，群众富裕。

种 植 业

▶ **现场问答**

评　委：你们在羊肚菌种植过程中有哪些核心技术？

张国平：我们的菌种是自己采集野生菌进行驯化的，根据每年出菇试验来确定它的耐受值确保产量；同时我们也有自己的种植基地，经过出菇试验选出产量最高的品种供给农户，我们进行产品回收。另外，我们也有深加工产业，目前我们是国内唯一一家种植、提供菌种和深加工的企业。

评　委：你们的产品结构里有鲜品、干品，还有其他加工产品，这些产品的销售比例是什么情况？

张国平：目前我们销售是以鲜品和干品为主，其中，鲜品占30%，只在每年的4—6月市面上没有任何羊肚菌鲜品的时候进行销售，有很大的市场空间；干品保质期为1年，我们在进行干品销售的同时进行产品的深加工，现在深加工只是打样阶段，预计今年6月出样品，下一步产量确定后，我们会建立深加工基地进行产生加工和销售。

评　委：你们公司联农带农模式是什么样的？

张国平：目前我们是采用"公司＋品牌＋基地＋农户"的模式，我们有自己的协会，在青海省也有自己的产业联盟，现在我们每年带动接近1万人次就业；之后产能扩大的话，每亩地可以带动20人次就业，5 000亩则可以带动接近10万人次就业。

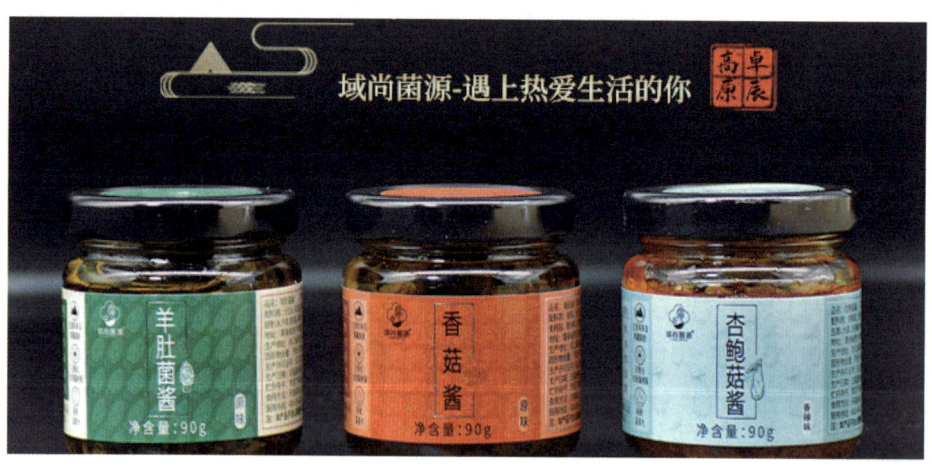

怒花1号金银花——是金是银也是花

项目介绍

我是来自云南的陈学良，2014年脱离体制创业。如果说以前努力读书是为了摆脱贫困的家乡，那么如今努力工作就是为了让家乡摆脱贫困。今天我向大家汇报的项目是怒花1号金银花——是金是银也是花。

1. 产业介绍

金银花属于药食两用品种，自古就被誉为清热解毒的"植物抗生素"。在食品、药品、饮品、饲料、日化产品中被大量采用。2020年，被国家工业和信息化部列为疫情防控重点保障物资。

目前，含有金银花的国药准字号药品有580多个，传染性非典型肺炎、新冠肺炎疫情时期，国家公布的中药组方成分都含有金银花；所有凉茶主原料也是金银花；儿童辅食、保健品、润喉片也经常会添加金银花成分。其花沫、叶片、枝条被粉碎或提取后，广泛用于饲料、兽药、日化产品中。综合山东省药监局数据，每年金银花的缺口仍超过20万吨，且还在逐年增加。

金银花全身都是宝,但花蕾只要开放,价值就降低了60%以上。但目前金银花普遍存在的问题有:一是花蕾期较短,必须在3~5天采完;二是人工费太高(100千克干花仅采摘费就要7 000元左右),等,所以一直以来价格居高不下、市场供不应求。

2. 项目介绍

"怒花1号"金银花,就是我们针对金银花行业的痛点,整合资源通过良种良法优选、配套、嫁接、改良而成的。该品种保留了河北、山东等地金银花的地道正宗和湖南金银花的高产,也继承了云南金银花抗逆性强等特点。而且该品种花蕾期超长,彻底颠覆了金银花两三天即开花凋谢的特性;花蕾大,花瓣厚实、数量多,产量高;采摘方便、省人工;有效成分含量高;抗逆性强,直立性好,适应性广;盛花期前适宜套种等。

  与老品种金银花相比，亩栽株数只用 1/5，亩产量却提高了 3～4 倍，人均采摘效率也提升了 10～15 倍，有效成分含量提高了 3 倍以上，干湿比重也由以前的 1∶10 变为 1∶5。

  按照我们的保底套种模式，前 2 年甚至第 1 年就能收回成本，第 3 年及以后的 20 多年，每年的纯利润均在 1 万元 / 亩以上。

  目前，我公司饮品级的金银花都用来出口，其余部分则基本定向供给中国供销集团、基地周边的养殖场等。

  在践行脱贫攻坚及乡村振兴战略过程中，我们也在国家级贫困县摸索出了"兰坪模式""屏边模式"和"双柏模式"的商业模式，并于今年开创了全程托管的"陆良模式"。

3. 企业介绍

  我们企业叫华控农业发展（云南）有限公司，旗下设有中药材、蔬菜和国际贸易 3 个事业部。目前，公司已具备进出口和结汇外币的资质，正在申报4项实用性专利、3个注册商标和1个新品种认定，已被正式批准的有1项专利和1个商标。

中药材事业部以具有农业种植的颠覆性产品——怒花1号金银花为主导产品，结合国家脱贫攻坚、乡村振兴战略顺势发展，目前种植基地分布在怒江、曲靖、文山、红河、楚雄等地，并在兰坪、屏边建有初级加工中心。

企业成立之初，我们就确立了六大发展目标，其中，城转农指的是让背井离乡在城市、他乡打拼的人回到故乡发展、立业；农转工指的是让农民变成产业工人；工带农指的是发展加工、农旅等二、三产业，反哺、带动农业。

目前，已自建和托管1 000余亩金银花基地，已发展2 000多亩金银花种植基地，已助力瑶族、普米族、白族、傈僳族、彝族的300多户建档立卡户脱贫，已有40多名产业工人，已建立3个爱心超市。

4. 团队介绍

企业的发展离不开科技的力量，我们的专家团队均是硕士、博士导师，他们在土壤、育种、植保、产品研发领域都获得了国家级甚至世界级的认可。

有了专家的保驾护航，我们自身的团队也不可或缺，我是公司的创始人，2017年带领公司获得了云南省"脱贫攻坚明星企业奖"；团队成员高薇，在国外学习、生活、工作了15年，有多年的国际贸易经验和视野；其他核心成员均负责不同的业务方向，后期他们都将享受公司的股权激励。

5. 项目价值

我们计划出让15%的股份融资300万元用于建设加工中心、海外市场研发推广中心、科研和品牌推广中心。

怒花1号金银花，是金是银也是花。脱贫攻坚已立功，乡村振兴急先锋。

▶ 现场问答

评　委： 怒花1号所有权是否属于你们？金银花在山东、河南、湖南等很多地方都有种植，你们种植的金银花和其他品种相比，最大的优势是什么？在未来项目的发展过程中如何延伸产业链？

陈学良： 这个品种是我们自己改良嫁接的，专利权也属于我们，2019年正在申报新品种认定。与常见的金银花相比，最大的优点有4个：一是亩栽株数比较少；二是花期比较长；三是产量比较高，以前1亩地干花的产量在100～120千克，我们的干花亩产可以到400多千克，鲜花可以到2吨，产量提升了3倍以上；四是有效成分也比较高。另外，在前期合作的像怒江、楚雄等，都是国家级贫困县，我们更多的是政府的扶贫攻坚项目，跟政府签订的是保底回收，因此在前期，我们就在积极探索产品的延伸，就目前来讲，虽然金银花供不应求，但是如果我们这个品种推广到30年之后，产品供过于求，且还是保底回收该如何解决，所以我们也正积极与其他大型企业进行商谈。

万亩小园玉米方便食品深加工

项目介绍

我是在乡创业者孙立娟，来自黑龙江，是哈尔滨健康农牧业有限公司的负责人，也是万亩小园玉米方便食品深加工项目的创始人。

1. 创业背景

我的家乡巴彦县，满语"巴彦苏苏"，意为富饶的村庄，是将军故里，皇后之乡。创业20余载，我发现家乡盛产的地标农产品玉米一直以原粮出售，缺少深加工，产业链条短，好粮难卖高价。

玉米是世界公认的健康食物之一，据不完全统计，2020年我国方便食品市场已达到5 000亿元，但市场上缺少即食、方便的玉米主食。因此，我们选择了小园玉米精深加工，致力于打开玉米方便食品市场，从而为家乡增收致富。

3年来，我们免费为农户提供大碴粥专用种子和最好的有机肥，在农村小菜园这片净土上种植小园玉米，有机标准管理，人工除草除虫，秋后站秆回收干玉米棒，已经惠及巴彦县13个乡镇、3 500多户增收。未来两年，我们计划复制10 000亩小园，为国家节约万亩土地，也能带动更多人就业。

2. 核心技术

我们打造的小园玉米系列主食产品基于玉米的营养，有预防便秘、控制血糖等功能优势，是"三高"人群的首选主食，因其方便即食也满足了都市白领等人群的需求。

我们已获得1项发明专利和6项实用新型专利，填补了国内玉米方便主食市场的空白。我们的核心产品"中国第一碗"速食大碴粥，用公司首创的专利技术，让原本需3~5个小时才能煮好的大碴粥10分钟即

可吃到嘴。我们的黄金米饭伴侣作为减肥控糖主食，免洗免泡，可与大米、小米一起做成杂粮米饭，也实现了10分钟即煮成粗粮粥。我们的玉米南瓜粥粗粮细作，是玉米和南瓜的完美结合，富含丰富的玉米黄素，可以保护视力，老少皆宜。我们的玉米龙须粥药食同源，采用玉米胎须为原料，可以祛湿消肿，降血糖降血压。

3. 商业模式

我们采用"公司＋基地＋电商"的创新营销模式，通过各地康养体验中心、直营店等渠道，会员制管理，做到全国覆盖。通过百度竞价，ESO优化技术，将公司网站排名在百度搜索首页，便于招商。建立小程序私域平台，新零售分销，以佣金捆绑用户；开通1 688位电商提供大宗采购渠道，同时也有自己的直营店铺。

4. 团队建设

我本人是小园玉米项目创始人,国家健康管理师、哈尔滨市荣获"突出贡献奖"的中青年专家。人才培育、团队建设是项目的保障,齐齐哈尔大学任健教授、黑龙江农业科学院钱春荣教授等人才为我们提供技术保障。

5. 财务分析

我们目前已经投资 3 500 万元,2020 年已实现销售额 6 125 万元。两年内完成万亩小园推广复制,预计 2023 年可实现营业收入 4 亿元。

每亩小园回收玉米 3 000 棒,农户种植 1 亩小园玉米收入 1 800 元。3 000 棒玉米可加工玉米方便食品一万桶,产值 4 万元。种植 1 万亩年利润可达 1.2 亿元。

6. 社会效益

公司连续3年带动巴彦县13个乡镇、3 500户脱贫户和农户种植小园玉米，累计带动增收640万元。公司每年拿出50万元为巴彦县7个乡镇扶贫分红。万亩小园计划将带动1万个农户增收致富，把农村闲置的优质小园盘活，也将为国家节约万亩土地。

目前小园玉米项目已获得中国一乡一品认证、全国一村一品认定、全国主食加工示范企业以及国家级农产品金奖三项等数10项荣誉；新华社也做过"玉米变形记"的专题报道。

未来我们要开发更多玉米功能性食品以及小园农耕文旅产业，秸秆环保餐具等延伸项目。

小园玉米项目是可复制、可推广、可持续发展的健康绿色生态农业项目。

▶ 现场问答

评　委： 你们所有产品都是小园农户租包的种植方式，还是有自己的基地？

孙立娟： 我们目前是跟巴彦县全县的贫困户签约了 1 800 亩的小园种植玉米，我们免费为他们提供种子和有机肥，在他们房前屋后的小菜园用有机标准种植，然后生产出我们专用的小园玉米。

评　委： 你们产品的功效有相关验证吗？

孙立娟： 我们做了很多的调研以及市场验证，糖尿病患者使用我们的玉米南瓜粥和玉米龙须粥这两个药食同源的产品，可以起到血糖值降低 0.4～0.6 的效果，而且长期的血糖控制，效果也是很明显的。

评　委： 你们在未来定了一个比较高的营销目标，有什么准备吗？

孙立娟： 我们通过深加工之后，充分发挥了玉米的药食同源功效，可以进入一些高端特殊渠道，如高端的月子会所，小园玉米产品可以解决孕产妇孕期糖尿病的问题；慢性病人群可以用我们的小园玉米作为平时的健康主食，调理血糖、控制血压，所以我们的产品附加值较高。另外，经过我们 30% 的线上运营和 70% 的线下运营相结合，可以达到一个稳步提升的目标。

蔡甸莲藕生态产业园

项目介绍

知音故里,莲花水乡。我是来自英雄之城武汉的凡丹,今天我带来的项目是"藕"遇成佳话——蔡甸莲藕生态产业园。我是因为爱情而返乡创业,争作湖北的"藕王"娘子。

1. 公司概况

公司以武汉蔡甸莲藕品牌与产业化建设、生态种植、食材配送以及农旅文创为核心产业,先后获得第七届世界军人运动会指定供应商和疫情保供突出贡献单位等30多项荣誉。

2. 项目背景

武汉蔡甸莲藕外形状肥硕、质白细嫩,有浓密的藕须;根据开花的颜色,通常分为红莲藕和白莲藕。红莲藕适合炖汤,白莲藕生吃清脆嫩甜。种植原产地保护品种,可常年保市场供应。

武汉蔡甸是"中国莲藕的故乡",是公认的中国莲藕人工栽培起源地。距今已有 1 500 多年历史,相传俞伯牙钟子期在此遇知音、品莲藕,成就了千古名曲《高山流水》,传颂至今。

武汉蔡甸莲藕先后获得国家地理标志保护产品、绿色食品认证,"蔡甸莲藕栽培系统"被农业农村部收录为农业文化遗产,公司产品远销北京、西安等 10 余个城市以及东南亚国家。目前,已申请和正在申请的专利达 24 项。

3. 产业链打造

品牌建设前行,产业联动发展。近年来,我们以蔡甸莲藕产业为抓手,投资 2 000 多万元,兴建武汉蔡甸莲藕生态产业园。首先,将传统鲜藕加工升级为符合多元消费习惯的产品,逐步解决行业发展痛点。与武汉市农业科学院、华中农业大学战略合作,共同做藕种繁育、保鲜及深加工技术。"鄂莲 5 号"是莲藕中的"奥斯卡",主打粉藕适合炖汤。综合利用莲藕本身"吃干榨净一支藕",采用蜂蜡贮藏保鲜技术,加工产品增值

30%，废品率降低50%以上。通过伽马辐照灭菌技术，使莲藕加工食用期达12～18个月以上，保留莲藕原味，产品达医疗无菌级别。

其次，根据40万抖音账号粉丝画像，集中在25～40岁年轻女性，开发6～8种以蔡甸莲藕为主题的文创产品。同时，联合黄鹤楼、蔡甸花博汇等五大线下销售场景，以武汉为圆心向湖北周边城市为销售半径辐射，设立武汉蔡甸莲藕产品体验专柜或专区，蔡甸莲藕已成为农旅融合的一张城市名片。

最后，在武汉蔡甸承建全国首家农业展览馆，主要用于莲藕文化、产品展示以及直播电商销售，目前已培训1 369名新农人，孵化36家新农企。线下矩阵组织策划莲藕文化节会活动，线上矩阵联合中央、省、市媒体、抖音腾讯直播平台宣传；2020年央视主持天团、"小朱配琦"直播助力湖北农产品，蔡甸莲藕成为继武汉热干面销量第二的武汉特产。

4. 社会效益

在新冠肺炎疫情期间,武汉一直被全国"宠爱",我们不负习近平总书记对群众生活物资供应的重托,每天为医院、社区等单位配送食材50多吨,保障供应,用点滴回馈这片土地的给予。

该项目从四方面收益,规划3年内年销售额突破1.8亿元,并逐年递增。

项目由从事水生蔬菜品种繁育、产品加工、品牌推广以及直播电商运营等拥有近5~20年工作经验的项目团队组成。项目建成后承担的社会责任如下。

(1)培训一批新农人,孵化一批新农企。

(2)延伸莲藕产业链,直接带动6个行政村、1 680户农户增收6 048万元。

"十里藕香,产业发展",我们将努力做大做强蔡甸莲藕品牌,致力

种 植 业

蔡甸莲藕
健康美味

实现用蔡甸莲藕藕丝连接海外游子的心，让乡愁成为富裕蔡甸2.83万户藕农的"连心桥"。

道阻且长，行则将至，行而不辍，未来可期！我将用英雄精神点燃武汉蔡甸莲藕产业发展的新征程，让青春在乡村振兴中绽放最美芳华，请党放心，振兴有我！

▶ 现场问答

评委： 你介绍蔡甸是中国莲藕种植面积最大的地方之一，那么蔡甸产的莲藕跟其他地方的莲藕在品质上有什么差异？

凡丹： 在品质上，我们是主打粉藕，适合炖汤，其理化指标与其他地方的莲藕相比，其pH值在6.5～7.0，更适合炖汤；而且它有1 500多年的历史，便于传承和传播。

评委： 你们公司现有有4类产品和服务，未来哪一类具有更大的发展方向？

凡丹： 应该是加工产品、农旅融合文创产品、研发和研学教育。

评委： 你们的加工产品有什么竞争优势？

凡丹： 我们的竞争优势主要是保鲜和杀菌，目前正在申请这个发明专利，即行业领先的莲藕保鲜技术和辐照灭菌技术；我们联合华中农业大学、武汉市农业科学院等专家做莲藕的保鲜深加工和杀菌工艺，提升了莲藕的货架期和储藏期。

评委：你们公司近几年较快的营业收入增速主要依靠哪一个产品？

凡丹：主要是我们的加工产品，如藕粉和藕丁丝条等大众产品。因为我们自己孵化了一个40多万粉丝的抖音账号，我们集团主营业务是做食材配送，为500家企事业单位食堂供货，这样的客户基础使我们在线上线下都有很好的销售。现在线上销售占到40%左右，这个比例还在上升。

养 殖 业

珍禽五黑鸡开发推广

项目介绍

我是来自江西的莫子涵,也是江西民生农业集团的创始人和董事长,曾获"全国三八红旗手""全国农村致富女能手"称号。创业10年来,累计向社会捐赠200余万元。今天我带来的项目是珍禽五黑鸡开发推广。

1. 公司简介

公司成立于2011年,从贷款8万元起家,到2020年销售额突破18亿元。成绩来之不易,主要产品为林下散养五黑鸡,是一种高档鸡,在《本草纲目》中有详细记载,具有非常好的营养和药用价值。

2. 行业痛点

传统珍禽行业普遍存在三大痛点:一是育雏率、成活率低;二是加工简单、附加值低;三是价格高、批量销售难。

3. 解决方案

针对这三大痛点,我们的解决方案是"全产业链系统控制",即"三大技术创新+三大模式创新",具体如下。

技术创新一:专利孵化育雏技术。对传统孵化、育雏工艺进行技术改进,种蛋出壳率达 99.5%,鸡苗存活率达 98.8%,分别比行业平均水平提升 7 个、8 个百分点,全国行业领先。

技术创新二:超级菌王喂养技术。与华南理工大学团队合作研发超级菌王,有效提高鸡体免疫力,使肉料比提升 15%,鸡肉品质领先其他同类产品。

技术创新三:原液萃取加工技术。与南昌大学中国工程院院士谢明勇团队深度合作,对五黑鸡原液进行精细萃取,针对老人、孕妇、小孩等不同群体营养需求,加工成不同滋补产品,极大提升鸡肉药用价值和附加值。

项目去年销售额达 18 个亿,归功于经营模式的三大创新。

模式创新一：精准锁定批量用户。拥有 40 余万个消费端会员客户，月复购率达 150%；拥有 1 000 余个企业端客户，直接辐射 150 余万人群。

模式创新二：实施需求导向管理。通过 WMS 采配系统、全渠道销售管理系统，实现商品和会员数据分析，形成数据画像，反馈到生产环节，为客户提供个性化服务。

模式创新三：实现从基地到餐桌。减掉所有中间环节，做到产品可追溯，保证食品安全；有效降低成本，充分让利消费者。

4. 项目现状

项目至今累计投资 4.6 亿元，建设 50 亩产业园，2.8 万立方米冷链仓库，建立 2 个种禽基地，17 个散养基地。五黑鸡和鸡苗全年出栏量达 1 200 万羽，散养存栏量位居全国第一。公司先后获国家级农业产业化龙头企业、国家级高新技术企业、国家级冷链物流示范基地等荣誉。公司"新农人"品牌被中国品牌促进会审定价值 7.7 亿元。

5. 社会效益

通过"公司+基地+农户"等模式,带动广大农户致富。截至目前,项目直接带动农户 5 500 余户,间接带动 3.3 万余户。

6. 专家团队

项目与中国工程院院士谢明勇团队开展长期深度合作,聘请吉林大学、华南理工大学、江西农业大学等单位几十位知名专家作为技术指导。

7. 未来规划

预计在 2023 年销售额达到 30 亿元,发展成为行业引领者。公司拟融资 8 000 万,用于产品研发和市场开拓。

▶ 现场问答

评　委：五黑鸡的市场份额有多少？你们的竞争优势是什么？

莫子涵：五黑鸡是比较珍稀的品种，目前在全国只占2%的份额。在珍禽散养类中，我们最大的优势是育雏率、种蛋出壳率，以及菌王喂养技术和加工环节。

评　委：在养殖业里其实有个很大的痛点，那疫情是如何防控的？

莫子涵：我们与华南理工大学联发研制的超级菌王主要功效就是增强散养的机体免疫力。

评　委：在加工的产品类型上，有哪些延伸的产品？

莫子涵：我们现在是五黑鸡全产业链的系统控制，在加工环节，我们与南昌大学中国工程院院士谢明勇团队合作进行五黑鸡的原液萃取，且这个萃取技术是全国领先的，使我们的产品附加值提高5倍以上。另外，药食同源的初加工产品，针对40万个消费端客户的需求，进行药食同源初加工、宰杀、配送。

鱼菜共生智慧工厂

项目介绍

我是创始人高上,我给大家带来的项目是鱼菜共生智慧工厂。

1. 项目背景

鱼菜共生解决的是鱼、菜食品安全的问题。现阶段消费者买到的鱼菜产品农残高,有机农户产量少,形成了普通鱼菜不安全,有机鱼菜贵的行业现状。面对这样的现状大家都有一个共同的愿望,社会期待有好鱼好菜好价格。在社会期待的引导下,我们研发了一套降本、增效、同时能够提供优质产品的模式,它就是工厂化的鱼菜共生系统。

2. 项目介绍

市面上做鱼菜共生的公司有很多，为什么我们的鱼菜共生会胜出呢？下面我从产品、产能、产业三方面给大家做详细的汇报。我们的鱼菜共生是养鱼池排除含有鱼粪的污水，经过分解被蔬菜吸收，剩余的水被鹅卵石净化之后重新回到鱼池形成一个封闭的循环系统，达到养鱼不换水，种菜不施肥的效果。

3. 项目优势

在整个生产过程中我们实现了"0 土壤、0 化肥、0 农药、0 营养液、0 污染、0 排放"。我们的鱼获得欧标 GAP 认证，蔬菜获得鱼菜共生行业第一个有机认证，同等价格更高品质，真正做到物美价廉。产能方面与传统生产方式相比我们做到 5 倍产菜，10 倍产鱼，并且我们实现了全年 365 天全年生产和交付。成本方面我们大比例节约资源，节水 90%、节约土地 80%、节约人力资源 70%、节约电能 60%。

4. 核心技术

在数据算法方面我们建立了种植、养殖和环境控制三大模型,三大模型之间互相作用构成了我们的 AI 人工智能算法平台。人工智能算法平台通过控制四大系统形成了我们独具特色的鱼菜共生智慧工厂解决方案,通过技术检索及查新我们做到了全国首创,世界领先。我们的鱼菜共生技术可以在沙漠、盐碱地、四荒地甚至污染土地上进行建设,对于产品品质不会有任何影响,同时整个系统我们做到了标准化可复制;多年辛苦的钻研为我们累积了厚厚的专利储备,截至目前我们获得实审发明专利 14 项,软件著作权 59 项,实用新型 26 项,国内注册商标 80 件,填补了商业化鱼菜共生的空白。

5. 财务分析

经过多年的探索和实践,最终确立了我们的产品,卖鱼、卖菜、卖系统,引入全国连锁的上下游企业采购客户成为我们的股东提前锁定订单。市场覆盖 10 余省,产品供不应求,目前只完成了订单的 1%。2019—2020年业务增长率达到 33%,2020—2021 年 9 月我们已经实现了 225% 的业务增长，进入了业务爆发期。

6. 社会效益

我们热心乡村产业振兴，以山东临沂基地为例，农民获得了租金、薪金、股金的三金收入，同时我们通过宣、讲、学、传、帮、带的方式将我们的技术传播给基地周边的老百姓，带动大家一起加入鱼菜共生产业，截止到上个月实现脱贫 41 户，带动农民就业 1 032 人次，基地已经列入长三角供应基地。

7. 团队建设

一个项目能否做好关键看团队，我来自沂蒙老区，考入天津城建大学，大三创业，15 年管理经验，授权专利 20 项，荣获天津 111 人才称号。我们的销售总监宋焱是摩根/奇耐销售冠军。张振本老师是中国农业科学院国务院津贴专家，王彬老师是南开大学博导，管理两个国家级实验室。这是我们 14 个博士团队的代表。在团队共同努力下，2019 年我们获得国家级高新

技术企业认证,2021年5月我们进入了农业农村部向全国推广的新技术新模式名单。

8. 融资需求

2017年我们完成第一轮融资,2018年完成第二轮融资,2019年完成第三轮融资,2020年完成第四轮融资,2021年我们预计融资3 000万元,释放出让10%股权。

未来3~5年我们要成为行业领军企业,销售额达到10亿元。

我们的愿景是:用AI算法为全人类提供安全的食物!

▶ 现场问答

评委: 你刚才介绍在山东临沂,有第一个落地项目,这个项目的经营情况是什么?

高上: 现在我们山东临沂的基地运行得非常好,临沂这个项目账面盈利已经达到了接近60万元,2020年的12月复产。2021年又继续建设了二期的基地,今天应该是在验收。

评委: 因为看你的财务报表,前面两年是你的初创期不盈利,今年你有个预期盈利,销售额是要达到755万元,要实现盈利,目前是什么情况?

高上: 我们已经超出了755万元的预期,因为我们有天津基地、山东基地、湖南基地和湖北基地。

评委： 你介绍的项目有很多优点，但是大田种植和大塘养殖比，价格能不能够同等，还能保证盈利？

高上： 我们鱼的销售进入到连锁店面和在池塘里面的收购价格是一样的。我们的蔬菜因为是有机认证的蔬菜，比普通蔬菜略贵20%～30%，但它是同等产品有机蔬菜价格的一半。而且尤其是到家庭端，今年是爆发式增长。

评委： 你这个企业经营是推广项目，那么你这个"卡脖子"主要是卡在什么地方？

高上： 到目前为止来讲的话，我们是需要稳定的订单，因为我们商业模式叫订单先行、产地前置，每一个地方，我们就需要有专业的人员去拓市场

评委： 订单除了推广技术还负责开发市场吗？

高上： 要负责开发市场的，像一些个农户，他们要根据我们的平台统一做销售，所以说我们也承担了一部分他们销售的任务。

红鳅添财——工厂化循环水红泥鳅繁养殖助推乡村振兴

项目介绍

我是段元星,我今天汇报的项目是红鳅添财——工厂化循环水红泥鳅繁养殖。

1. 项目背景

全国泥鳅总产量已达 36 万吨,总产值也近千亿元,同时淡水工业化循环水健康养殖技术也成为 2019 年农业农村部主推技术。

但目前泥鳅产业却普遍存在以下 3 个痛点:种鳅良种率低、种苗培育率低、病害频发导致成活率低。

2. 解决方案

针对种鳅痛点,公司与江西省水产科学研究所合作研究,成功开发了优良新品种"红泥鳅",并获得了九江市科技项目的支持。从催产到孵化,公司已掌握完备的繁育技术。针对种苗痛点,公司获得了江西省水产学会各位专家的支持,掌握了工厂化循环水条件下温室大棚苗种培育，塑膜池高效养殖和池塘生态养殖技术。针对病害痛点，公司与南昌大学水产团队合作，成功掌握了水、种、饵、密、防、管、培、规的"八字经"病害防控体系。

同时，公司掌握了循环生态可追溯养殖模式，我们选用了新型配合饲料制备方法和新型梯度饵料投喂方法；在此模式下，泥鳅成活率提高5.1%，增重率提高4.2%，人力成本也降低了33.1%。

3. 特色创新

在特色创新方面，我们的项目做到了以下3点：第一，种质好。我们的红鳅同时具备观赏性，食用性和经济性。第二，技术新。我们率先开展了观赏鳅的选择培育，筛选红泥鳅体色变异相关基因，创新集成红泥鳅规模化养殖技术，实现提升区域渔业竞争力和助推鱼类体色变异基础理论研究的目的。第三，推广好。我们采用线上线下结合的推广方式，线上运用电商和网络平台，特邀网红带货；线下铺货推销，极大地拓宽了销售的范围。

4. 商业模式

在商业模式上,我们采用七大盈利方向和"五位一体"运作模式。我们公司自从2018年成立,已经培育了1个泥鳅优良品种、研发了2项核心专利成果、与3家科研单位合作、推广到彭泽等4县、帮扶超150名农民。

5. 团队建设

本人作为团队创始人,从沿海返乡创业,拥有集团副总10年的管理经验,入选九江双百双千人才、九江工商联执委,九江学院药学与生命科学学院兼职教授。同时,公司获得江西省水产科学研究所王海华研究员、南昌大学吴小平教授、江西省水产学会文春根教授等专家的技术支持。

6. 社会效益

我们积极参与联农带农，帮扶农民43户，受益农户166人，养殖户人均年收入超3万元。公司已建立石山村产业扶贫基地，有稻鳅综合种养示范面积1 268亩，产生了巨大社会效益。

7. 发展规划

本项目将于2022年销售额破2 000万元，净利润破600万元。我们制定了"八方针三步走"战略规划，预计将于2024年底实现营业额5 000万元以上，带动周边农民150户以上，为乡村振兴注入新的活力。

红鳅添财项目团队致力于成为红泥鳅产业的践行者，乡村绿色振兴的引领者。

▶ 现场问答

评　　委：你们的红泥鳅价格比普通泥鳅市场价格高3倍，这个价格是以食用为主，还是观赏为主？

段元星：我们的食用红泥鳅价格比普通泥鳅价格高3倍，观赏的要高5～6倍。现在食用的普通泥鳅价格是20元/千克，我们可以卖到48元/千克。观赏性的我们是按条卖，为2元/条。

评　　委：作为普通消费者，突然看着一种和正常泥鳅不一样的品种，敢食用吗？

段元星：我们目前销量很好，在武汉、四川、上海大景区等都在食用。

评　委：养殖成本是不是比普通泥鳅低？就推广来看，状况不太好，目前只有不到100户的人在养殖，这是什么原因？如果大面积推广开，团队人手能跟得上吗？

段元星：成本比一般泥鳅的要低。我们项目从去年开始示范推广，今年正式推广。如果大面积推广开，团队人手能跟得上，我们目前跟中国海洋大学、南昌大学、江西农业大学等都有合作，有技术保障。

评　委：计划今年要实现1 500万元的销售额，截至目前完成了多少？

段元星：目前已经超额完成目标。

藏湖高原肉羊三元杂交育种体系

项目介绍

临潭县铭鑫农盛羊业养殖农民专业合作社联社是国家级示范合作社，也是甘南州最大的湖羊养殖研发基地。联合本县32家湖羊养殖合作社成立联合社，被评为甘肃省第一批农业产业化联合体。党的百年光辉历程照亮乡村振兴之路，作为根植农村厚土强产业，致力于成为脱贫攻坚有担当的养殖专业合作社。我是张春梅，今天我给大家带来的项目是藏湖高原肉羊三元杂交育种体系。

1. 主要产品

本项目通过选择优质生长快、适应性强的甘肃省甘南藏族自治州（简称"甘南州"）本土藏系公羊作父本、高繁湖羊母羊作母本，进行杂交培育新品种 F_1 代，F_1 代再利用优质终端父本公羊或者冻精横交固定，培育出抗病能力强、产羔性能高、生产速度快、出肉率高的高原优质肉羊新品种"铭鑫一号"。"铭鑫一号"投放牧区提高产羔率，从而增加牧民收入，秋冬季再回收当年羔羊进行育肥。以牧区投放三元杂交种羊，秋冬季节回收刚断奶羔羊育肥，实现"园区投放种羊，进行生产繁育、再到园区回收羔羊育肥"的生产模式。本项目提高肉羊产能，增加养殖户经济收入，逐步将放牧过渡为舍饲的肉羊生产模式。本项目基于三元肉羊杂交体系，开发出适合高寒阴湿地区的优质肉羊繁育杂交体系。初步统计甘南州藏羊存栏约120万只（2016年末统计数据），年产羔约96万只，如果饲养铭鑫一号肉羊品种，产量是目前的3倍，即年产羔288万只，年产值22.8亿元。从试验数据分析可以得出，铭鑫一代肉羊品种的生产性能不亚于湖羊，尤其是在产羔率、成活率、性成熟天数等方面，铭鑫一代肉羊品种的产羔率可以达到1.68%，湖羊是1.7%，也就是说基本上是两年三胎，成活率铭鑫一代是97%，湖羊是93%，比湖羊高了4%；再看性成熟天数，铭鑫一代180天就可以达性成熟，并且投入生产使用。

2. 核心技术

以铭鑫农盛羊业养殖农民专业合作社联社为依托，与兰州大学、中国农业大学育种专家以及澳大利亚育种专家联合攻关。技术上，以藏羊杂交

改良、肉羊扩繁、引进推广、羔羊育肥生产为主线，标准化、规范化生产和提高藏羊个体生产性能为目标，采取关键技术引进、攻关与成熟技术相结合，抓住关键技术，组装配套其他适用技术，使之规范化、程序化，不断提高技术配套率，扩大技术覆盖面。方法上，按照"扩大范围，提高档次，技术配套，集中连片，整体推进"的要求，从抓点示范和市场开发入手，连片推广，规模养殖，整县推进，突出整体效益。

3. 项目效益

本项目主要为湖羊产业集约化发展提供有力的推动和宣传推广效应，该项目将产生很大的经济效益、社会效益和生态效益。

经济效益： 当前甘南州主要肉羊品种是藏羊，羊只存栏量大，但生产效率很低，通过宣传使养殖户认识湖羊设施饲养湖羊，湖羊的生产性能平均每年产 3 只羔羊，6 个月出栏，养殖户年收入将会提高 3 倍以上，有力助推乡村振兴的步伐。对牧区而言，藏湖杂交三元杂交体系培育出的藏湖新品种同样可有效提升牧区肉羊生产性能，产得多，长得快，出肉率高的优秀生产性能有力提高了牧区的肉羊产业。

社会效益：湖羊和藏湖高效优质的肉羊品种，将会引导更多的人群从事肉羊生产，提供从业环境，增加区域收入，实现高效扶贫，促进民族团结。

生态效益：逐步形成由放牧过渡为舍饲的肉羊生产模式，减轻草原载畜负荷，恢复良好的甘南州自然生态风貌，对水土保持工作将作出应有的贡献，是甘南州长期保障青山绿水的重要措施。

最后，联合社将会提高藏湖新品种质量，争取占有高原地区更大的市场，打造品牌化、规模化、产业化、基地化、市场化的发展模式，服务脱贫攻坚，共建和谐社会。

养殖业

▶ 现场问答

评　　委：你们机构主要是以育种为主吗?

张春梅：我们主要以育种育肥为主。

评　　委：主要的核心竞争力是育种吗？目前的技术门槛在哪里，其他人能模仿吗？

张春梅：对，育种。育肥我们也有自己的发展基地，且别人不能模仿，甘南州主要的肉羊品种是藏羊，别的地方没有。藏羊在甘南州高原地区才可以较好地生存。

评　　委：那么意味着这个羊只能在你们那个地区养殖？还是在中国其他地方也可以养殖？

张春梅：其他高原地区应该是不可以的。

评　　委：那仅限于你们那里，产量是不是会很少？

张春梅：我们产量特别高，我们甘南州7县1市都在做这个推广。

评　　委："铭鑫一号"这个羊肉的口味有什么特别的地方吗？或者与别的羊肉相比有什么特别好的地方？

张春梅：我们这个品种特别之处是口感比较嫩，这个在甘肃省其他地方是吃不到的。

评　　委：你们现在育种的产能是多少？介绍一下农户养这种羊的投入产出情况。

张春梅：育种量是一年20万只以上。我们主要是给农户免费投放种羊，然后回收他们的羔羊，农户一只羊的收益在700元以上。

智慧渔仓引领者

项目介绍

我是来自广东的萧劲松,今天带来的项目是智慧渔仓引领者,一条离开水还活着的鱼。

1. 创业背景

来自广东东莞鱼米之乡的我,怀着对家乡的热爱,16年前毅然进入了水产行业,这么多年来我坚持养好一条鱼——松湖笋壳鱼,同时伴随着国家乡村振兴战略的号召,我们联合了周边的农户启动了联农致富的项目。

鱼的营养价值是全社会公认的,鱼已成为当今老百姓餐桌上的日常菜肴。相关报告指出,中国未来的鱼类年消费将达到万亿级市场;联合国粮农组织预测,未来10年我国水产消费将占全球总量的38%。

水产行业庞大,各个环节不乏一些问题:①生产养殖过程中违规使用药物;②大多农户不懂看市场走向,盲目跟风扩大养殖,导致产品滞销;③有些农户有土地资源,但是没有好的鱼苗和养殖技术;④市场上,中高端的鱼缺乏等。

2. 解决方案

基于多年在水产行业里面的摸索与研究,目前已拥有13项知识产权和30项各级的荣誉与认证,本次新的联农致富创业项目将会基于养殖品种和相关的养殖服务技术进行提升。

本次创业项目中,我们有三大技术创新,均为国内首创,分别为育苗技术、沉箱暂养技术和无水充氧技术。

在养殖户养殖的过程,我们坚持要求3个统一:统一育种培苗、统一提供养殖技术、统一收购暂养,以实现保质、控药、提产。

首先是育苗技术,公司的笋壳鱼品种是由澳洲纯种的笋壳鱼和泰国

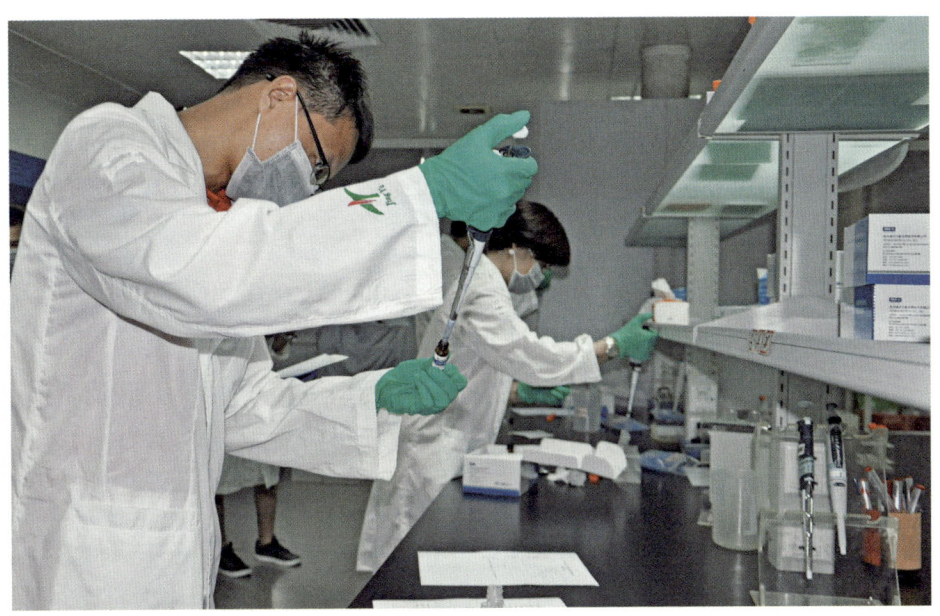

纯种的笋壳鱼进行杂交，所培育出来的鱼苗品种继承了两个原种的基因优势：一是抗病力强、成活率高；二是长速快；三是耐运输。长大的成鱼无肌根刺，刺比较少，并且肉质紧实、嫩滑，所以食用口感极好，另外它属于中高端品种的鱼，终端价格能卖到476元/千克；同时还因为它的体表颜色会随着周围水质和环境而变化，被央视称为"水下黄金"。

其次是沉箱暂养技术。进入到暂养池中，每一个品种可暂养7天，利用沉箱养殖设备，能实现提高40倍养殖密度和15倍产能的效果。养殖密度提高40倍，通常会导致鱼死亡，但是我们采用推水爆氧技术保证了鱼的成活，解决了困扰高密度养殖的多年的难题。在传统的养殖模式中，一般池塘或小型水库中的水是相对静止的，鱼在里面是自由活动的。沉箱暂养这种新型的养殖模式颠覆了传统，一字排开的养殖水槽，两端都有拦鱼网将其圈养在槽体中。把鱼限制在相对狭小的空间里，通过推水爆氧技术让流动的水，不间断地在"跑道"内流过，鱼成为"水中运动员"，不仅使鱼肉更加紧实,还带来了氧气,同时带走粪便和残渣,更利于提高水质。在传统的水产销售渠道中,一条鱼到达消费者的手中,至少要经过5个环节,就会导致层层加价,同时无法保证产品在流通过程中的质量安全。因此我们建立沉箱暂养基地,减少过多的中间环节,实现产品流通透明化以保证食品溯源安全。

最后是自主研发的无水充氧技术,不仅可以节省50%的物流成本,还可以实现产品溯源,并且能保证48小时鲜活到家。

我们致力于打造新型的农产品流通体系,上联生产端,下联消费端,减少中间环节的过程,实现了既保证质量又减少流通成本,最终实现农户获利提高。

东莞是粤港澳大湾区的重要中心城市,我们抓住此次大湾区的发展机遇,深入稳固国内销售市场,并且通过中国香港这个国际化大都市的渠道,去逐渐打开国际市场。

3. 项目现状

本项目我们已累计投资 3 000 万元，建立约 100 亩的鱼苗基地，盘活了超过 3 000 亩的养殖基地；目前拥有 20 套养殖设备，开拓了 5 条营销渠道，在笋壳鱼市场中有 80% 的占有率，市场覆盖珠三角、江浙、京津沪、港澳在内的国内市场，以及加拿大、新加坡等国外市场。

近 3 年来，本项目的净利润增长率达到了 26.8%。

4. 团队建设

本人作为创始人，2018 年荣获"中国水产影响力人物"称号；我的合伙人来自香港，是商务流通领域的资深人士，有多年的进出口贸易经验；另外还有包括林蠡教授、赵会宏主任、中国水产科研院研究员汪学杰在内的专家团队。

5. 发展规划

未来 3 年，预计年销售额将达到 2 000 万元，公司规划融资 1 500 万元，用于扩建沉箱智能化水槽和建造养殖数据系统，复制项目、辐射全国。

智慧渔仓，致富乡村！

▶ 现场问答

评　委： 目前主要是卖产品还是卖苗？

萧劲松： 我们从种苗到产品都有在销售，卖苗的占比是整个企业的 30%。

评　委： 供苗后会统一帮农户售卖吗？

萧劲松： 我们是统一提供技术，农户养完了，我们统一收购。

评　委： 你们的市场规模大概有多大？基于这样的市场规模，主要的销售渠道是什么？

萧劲松： 目前我们整个渠道都偏向江浙沪一带，因为这个鱼刺少肉多，深受该地区居民偏爱，所以整个市场空间很大。现在销售渠道主要是直接发到各地方的代理，他们负责配送；线上渠道也有，但是份额较小。

百源康生态锁智慧生物农业系统

项目介绍

我叫袁若楠,来自浙江德清,今天为大家带来的项目是生态锁智慧生物农业系统。

1. 行业现状

鱼菜种养模式大家都不陌生,特别是工厂化鱼菜共生,完全符合国家现代农业的发展方向,以其独特的优势做到了集约循环、绿色环保、食品安全。我们也同样在 2016 年初走向了这个领域,从中试基地到落地万平方米生产型基地。6 年的时间,我们完成了技术改进、系统设计、建设、运营和销售一系列标准化流程,成功制定了工厂化鱼菜的行业标准,并且在今年成为省级高效生态养殖业的重大标准化试点项目。

但是,随着这个行业的发展,常有两个疑问:一是鱼菜系统很好,如何实现盈利?最容易想到的是降本增效,目前所有鱼菜企业的方式离不开卖鱼卖菜、卖系统、卖技术和三产加持。作为工厂化鱼菜的实践及引领者，我们深知即便同时输出四种，仍然解决不了难盈利，难持续的问题。二是除了传统的降本增效，如何在这套系统中开发出更高的价值？

2. 解决方案

在做好工厂化鱼菜的同时，我们默默坚守了3年时间进行新型模式的探索，充分发挥团队跨界融合的优势，成功把鱼类天然肽的生产萃取技术融合到鱼菜共生系统中，通过技术创新推动模式创新，发明了"可持续、可循环的生物＋农业"的新业态生产模式，引领鱼菜及水产行业的发展新方向，关于该项技术我们也申报了发明专利。

3. 团队优势

好的结果离不开好的团队，项目创始人曹教授毕业于北大医学部，也是浙江省千人计划专家。我本人是硕士一毕业便加入农业创业的大队伍中，从种菜到养鱼，再到鱼菜共生。同时我们也有种养及生物领域的资深

岗位科学家,更有一群志同道合坚守农业科创生产一线的小伙伴。

4. 核心技术

在这套系统中,从工厂化鱼菜系统的稳定运行到定向刺激鱼类分泌活性肽及其生产、萃取、功能开发四大技术创新,我们以绿色生态的"一产"鱼菜体系保质"二产"活性肽的生产和提取,形成鱼菜肽生态互锁的循环机制。和传统鱼菜相比,实现了"一水三收",高品质的水产品、蔬菜以及高附加值的天然肽。

5. 竞争优势

目前市场上肽的种类很多,制备方法为化学酶解法。相比之下,我们具备3个竞争性优势:第一,物理方法进行萃取,做到了纯天然;第二,因为鱼就是我们的产肽机,无任何原材料成本和前期工艺成本,生产成本有效降低30%～50%,做到了低成本;第三,单位生物学活性提高5～10倍,做到了高活性。正因为我们产品的差异化和独特性优势,在目前中试生产的基础上,已签下游订单1 000万元。随着大健康产业的发展,活性肽会广泛应用于医美、食品、大健康等领域。目前我们主要作为原料供应商服务下游企业。同时为了获得更大的经济效益,我们也在开发自主品牌的活性肽终端产品。

6. 市场空间

结合市场对标产品原料的最低批发价格,目前基地预计二产肽产值可达6 000万元,其盈利远高于鱼菜产品,而高品质鱼菜,将以最亲民的价格走向市场,让更多的老百姓消费得起优质的农产品。该项目目前已获得天使轮投资350万元,并且已经获得多家投资机构的关注,明年预计出让20%股份融资2 000万元,加快天然肽的市场推广和开发。

7. 社会效益

长久以来,各行各业都是唯GDP论"英雄",而忽视了生态价值和社会价值,我们在把握乡村振兴新机遇的同时,践行好我们自己的"双碳"

故事。除了一产和二产的结合，不到 1 年时间，我们在模式复制推广之余，接待培训新型职业农民 6 余万人次，成为当地的产业帮扶低收入农户示范基地，真正做到了一二三产联动互融，助力乡村振兴。

8. 发展规划

得益于大健康产业巨大的市场空间，我们在实现农业生产端资源的高质化利用以及经济价值提升的同时，有效解决现代农业生产系统高投入、高运营成本等痛点，同时模式可复制可推广。未来，我们会一直立足于现代农业，在丰富老百姓菜篮子的同时，深耕大健康领域，为农业赋能。随着模式的不断复制推广合作，相信越来越多的相同领域的企业家们会和我们一起合作共赢！

百源康，一切源于健康！最后希望更多的青年人加入科技兴农、乡村振兴的道路上来！

▶ 现场问答

评　委： 生物活性肽产品的核心技术优势是什么？

袁若楠： 我们和传统的肽制备方法是不一样的，优势在于：第一，我们是利用鱼类在适应环境变化条件下会自身分泌肽的特点，结合鱼菜共生高密度养殖的优势，嫁接一套膜分离系统，将活性肽进行提取，做到了纯天然。第二，我们没有任何的原料成本，传统肽产品需要一定的原材料，包括大豆蛋白肽等，并且前期是需要将蛋白质提取出来进行一定的酶解后获得肽产品；而我们是直接用鱼类产生肽，所以我们的成本很低。第三，我们的活性肽高于常规的产品。

评　委： 目前这个生物活性肽产品已经市场化了？还是只是有订单？

袁若楠： 我们已经在实际生产了，也有投资机构给我们进行融资，准备扩大产能。合作企业有贝蒂生物、安利集团等，应用在医美方面，因为我们的产品除了有抗皱功能之外，也有降血糖的功能，目前在和南京的一家抗氧机构合作。

红岭金——边疆少数民族老区乡村振兴助推器

项目介绍

我叫何永群，是红岭金项目的创始人，来自云南省迪庆藏族自治州，是一名扎根边疆农村创业的纳西族研究生。

1. 创业背景

2015 年为了照顾农村残疾的父亲，我回农村创业养殖豪猪，没钱请技术专家，睡过 1 个月的豪猪圈，因此大家叫我"豪猪妹"。2017 年我获得 490 万元投资，成为团中央拍摄的创业励志电影《达拉的青春》的故事原型，得到 3 位国家领导人的勉励。2019 年我被国务院和农业农村部授予"全国民族团结进步个人"及"全国农村青年致富带头人"的称号。

但受 2020 年新冠肺炎疫情影响，豪猪项目不得不终止，为了弥补养殖农户的损失，我背负了 800 多万元的债务，创业之路遭受重创。我想过放弃，可看到村民们信任的眼神，想到总理对我扎根边疆、干事创业的嘱托,我毅然决定留在家乡,二次创业。我有第一次创业留下的家底,我自诩是打不死的创业小强;去年7月我开启了边疆的二次创业征程:食用菌种植。

缺人才、缺科技、缺品牌是我们家乡乡村振兴的主要痛点。经过近一年的探索,我们创新了生产方式,创建了红岭金平台,打通了产业链的上下游,实现"内循环+外联通",联农带农增收。

2. 项目现状

"一个平台,两种业务"是我们项目的商业模式。以红岭金为平台,整合多方资源,为金江镇的农产品进行科技和品牌赋能。公司提供的产品及服务有两大类:食用菌种植技术服务和食用菌等农副产品销售。今年我们获得了上海对口帮扶1 000万元的农产品订单,推动了我们项目可持续发展。同时我们采用"线上+线下"的营销策略,线上销售占比为30%。

3. 核心技术

我们公司拥有 3 项核心技术支撑：第一，菌种选育技术，在云南大学国家重点实验室的支持下，利用分子标记技术，实现了野生牛肝菌的驯化，新菌种的驯化全国领先。第二，我们将种养殖环节所产生的废弃物进行二次利用，形成生态农业循环模式，降低了生产成本，特别是秸秆和玉米芯的回收利用，给农民增收 800 元 / 吨。第三，我们在云南大学软件学院的技术支持下，在食用菌种植大棚安装了物联网环境感知系统，利用科技手段掌控食用菌种植所需的温湿度，降低种植风险。

我们团队申请了菌种培育、种植环境监控等相关发明专利 9 项。

4. 团队建设

今年 6 月我被伊利集团潘刚董事长收为"创业徒弟"，我们的项目还得到各领域专家的广泛助力，同时也聚集了一群敢闯敢创的返乡大学生和退役军人。

5. 社会效益

村花村草、家庭农场也加入了我们平台。我们公司实现了多维度带动就业，已经带领村民种植了200亩食用菌，户均增收8 000元。

6. 融资需求

我是项目创始人，占股51%；现我们准备出让10%股权，融资200万元，用于技术研发及品牌推广。

我们立志扎根边疆民族老区，做乡村振兴筑梦人。

▶ 现场问答

评　委：你材料里写你的公司经营有养殖、种植和乡村旅游三个方面，刚才你现场介绍只有一个种植，是不是其他两个现在都没有了？

何永群：那个是我们去年7月开始转型的时候探索的"三条腿"，经过近大半年的摸索，我们决定专心发展食用菌种植，这个更适合我们家乡的发展。

评　委：你们线上线下都在做食用菌销售，线上占30%，线下70%，线下主要是在什么范围内销售？

何永群：线下现在主要是上海对口帮扶我们，主要是订单帮扶，包括上海光明的一些商超，以及一些高端小区有孩子和有老人的家庭。

评　委：帮扶占这么大的比例，能够保证企业未来经营上的连续性吗？

何永群：其实这个也是我们正在积极探索的，目前帮扶是前3年给我们1000万的订单，占了我们销售的大头；但是我们也在积极开拓市场，目前准备在昆明和其他城市打开我们的销路。未来3年，帮扶的可能就会弱化，主要是靠我们的一些自有销售渠道，销售额也会逐渐地上升。

评　委：红岭金注册成商标了吗？

何永群：正在商标注册阶段，现在正在复审。

蛋鸭绿色无抗养殖

项目介绍

我是冯伟峰，今天我给大家汇报的项目是蛋鸭绿色无抗养殖。

1. 创业背景

鸭蛋营养丰富，且富含维生素 B_2，性凉，清热去火，是老百姓喜爱的蛋品，高品质鸭蛋更是人们对美好生活的追求。鸭好，蛋才好，要养好鸭产出高品质蛋，必须解决养殖环境污染、抗生素残留、生产标准化这3个问题。

为了改变现状，提升产业的发展和推动供给侧改革，我们一直在思考。

为了生产一枚高品质鸭蛋，我和先生从南京农业大学毕业后，就直接扎根于蛋鸭养殖。7年专业学习、15年一线经验积累，加上来自浙江大学、扬州大学的志同道合、有理想有技术的合伙人，大家分工合作，资源整合，成立了金华金婺农业发展有限公司，投资 3 800 余万元建立第一家存栏 12 万羽的养殖示范场和蛋品深加工示范场。

科技赋能，示范先行，蛋鸭养殖初露锋芒。

2. 技术创新

为了生产一枚高品质鸭蛋，我们进行替抗技术创新。从菌种培养到发酵工艺，经历无数次试验，历经 8 年研发创新出蛋鸭专用益生菌发酵饲料，提升了鸭子的肠道健康，健康养殖首先从健康肠道开始。累计授权发明专利 10 件，还有 2 件发明专利正在审理中。

3. 模式创新

为了生产一枚高品质鸭蛋，我们进行养殖模式创新。通过鸭舍墙体革新、舍内"活动区"和"产蛋区"功能分区、游泳池深度探索等，将蛋鸭养殖从自然水面转移到陆地进行集约化、生态化饲养，实现了蛋鸭全舍饲旱养模式。制定养殖技术规程 2 件。

为了一枚高品质鸭蛋，我们进行生产的标准化。乌克兰院士、浙江省特级专家、浙江省科技创新领军人才是我们的技术支持，浙江大学、扬州大学、江南大学、南京农业大学、浙江省农业科学院成了我们的后盾。构建了从养殖到销售的 5 大标准体系。打造了"青牧棠""冯小鸭"等高品质无抗鸭蛋品牌。荣获了农业农村部颁发的国家级标准化示范场、浙江省美丽牧场等荣誉。

4. 产品优势

高品质鸭蛋通过权威机构的多次随机抽检，产品无抗；我们生产的鸭蛋胆固醇含量比普通鸭蛋低 3 倍，17 种氨基酸、不饱和脂肪酸、卵磷脂含量高 5%～20%。加工后的鸭蛋无腥味，蛋香味醇厚。因此，可莎蜜儿、丹比蛋糕等知名品牌以我们的鸭蛋为原料研发了鸭蛋面包、鸭蛋吐司。高品质鸭蛋首次成为糕点烹饪圈选用的食材。

无抗养殖、无抗产品是我们的立命之本。无论是咸鸭蛋、皮蛋、溏心蛋、老鸭和酱鸭都得到了消费者的一致好评。

5. **市场优势**

好产品自己会说话,我们的合作伙伴有老鸭集、盒马鲜生、光明、明康汇等知名品牌,产品供不应求。我们的高品质鸭蛋也实现了自己的议价权,实现了产品品质赋能产品价值的目标。

以12万羽基地为例,一年鸭蛋销售量可达2 000吨,销售额达3 400万元,副产品老鸭的销售额可达580万元。2021年销售额近4 000万元。保守预计2022年销售额达8 000万元,2023年达到1.5亿元。

6. **发展规划**

技术的领先、模式的创新、产品的优势、市场的认可,让我们信心倍增。我们复制建立了第2家基地,于本月开始投入生产。也就在本月,浙江省国有某基金抛出了近1亿元的投资合作方案,包括扩建益生菌发酵饲料加工厂、种苗孵化中心等。"打造公司+科技+基地+农户"的模式形

成产业集群，一二三产业相融合，建立无抗绿色蛋鸭全产业全链共同富裕示范区。

7. 社会效益

与万亩水稻签约"稻鸭共生"，提高农户收入近千万元。带动周边农户就业增收，带动浙江、福建、江西、安徽等周边蛋鸭产业集聚区的发展。

一辈子很长也很短，但是我们只想做好一件事情：做好一枚高品质鸭蛋。让更多的人吃上高品质鸭蛋，帮助更多的农民共同富裕。

▶ 现场问答

评　委：什么时候萌发了要办一个养鸭企业的念头？

冯伟峰：我们毕业以后一直在畜牧一线做技术服务工作，在这个过程中发现了一些问题，也想解决这些问题。当我们把研发方案分享给周边农户时，他们表示非常认可。但是谁来收鸭蛋且成本会比之前稍有增加，这问题确实把我们难住了，从那个时候就想给周边农户做一个示范，告诉他们高品质的东西一定值这个价。

评　委：你们的鸭蛋跟江苏高油鸭蛋比，主要的特色或者优点是什么？

冯伟峰：我们鸭蛋优势主要在安全品质上，在保证无抗的基础上实现了口感的提升。大家都知道鸭蛋吃起来可能有一些腥味，我们的鸭蛋完全改善了这种腥味，吃起来蛋白滑嫩、蛋黄细腻，而且无腥味。

评　委：主要技术突破是什么？你们的鸭蛋价格比普通鸭蛋要高多少？

冯伟峰：我们的主要技术突破是通过饲料喂养。目前我们主要是做企业端市场，按订单式销售；跟普通鸭蛋比，价格比他们高两元左右，主要销售鲜蛋和蛋品深加工，包括溏心蛋和咸鸭蛋等。

中国黑牛种子工程——国内肉牛繁育改良

项目介绍

我是来自贵州的肖晓,今天给大家带来的项目的是中国黑牛种子工程——世界高档肉牛繁育改良。

1. 企业现状

黑牛妈妈智能产业园坐落于贵州省安顺市平坝区,拥有6家子公司、10个智能养殖示范区,设置了56个繁育基地;优质母牛3万头,肉牛规模10万头;年屠宰肉牛3万头的生产线一条和国际多项领先科学技术。直接带动贫困户3万户,9万人种草养牛致富,带动就业1067人。黑牛妈妈产业园区总投资14.29亿元,覆盖了从饲料、饲养到加工及大数据中心等十二大板块。

2. 核心产品

我们的产品是世界顶尖肉牛品种——延和黑牛与通过其加工、研发而成的3个系列产品:天一冈山高端雪花牛肉,富含18种人体不能合成的氨基酸、ω-3和ω-6的深海鱼油、华牛荟中端原切牛肉系列,及黑牛妈妈休闲食品系列。

3. 市场分析

2019年，在全球牛肉进口排名中中国位居第一；中国是牛肉消费第二大国，人均牛肉消费量超出世界水平，高档牛肉年需求1.31万吨，并以每年6.87%的速度增长，而中国产量不足2 500吨，因此需要大量进口。

4. 行业痛点

肉牛行业存在以下五大痛点：①品种体态小，出肉率低；②养殖规模小，经济效益低；③市场需求大，牛肉供给不足；④牛肉品质低，高端肉依赖进口；⑤牛品种不优，民族品牌不响亮。

5. 解决方案

针对以上问题，我们选择从科技创新突破和产业集群发展，打造延和黑牛乡村振兴新模式。

首先,我们拥有强大的基因优势,在良种扩繁上,我们选择通过全球最顶尖的延和黑牛基因植入到国内肉牛母本,进行杂交培育,解决"体态小、出肉率低、品质低"的问题。

其次,我们通过物联网大数据与数据采集挖掘等先进的算法,对养殖肉牛进行实时监管分析和科学饲养管理。

再次,我们在原有线下 VIP 客户的基础上,创新创建线上产业园,链接"端到端"的市场服务,让客户增加体验感,提升品牌效益。

最后,我们拥有集团总公司 20 多年高档肉牛的培育经验和 3 支科研团队、百名高才生的人才支撑。

我们通过以上四大优势来服务黑牛基因种子工程——"一区双带"模式,建设中国高档肉牛示范区,带动农民种草养牛致富,带动社会就业创业致富;农户通过定制延和黑牛饲养、采用黑牛冻精冷配和提供架子牛 3 种模式增加收益,饲养一头延和黑牛每年可增收 11 000 元。

今年我们启动了民族村计划,进行黑牛种子工程扩繁、带动民族村振兴。目前中国黑牛水族和土家族第一村已落地，贵州省多个地区有 7 个其他民族村正在孵化。

6. 财务分析

去年收入 7 004 万元，今年目标收入突破 2 亿元，明年预计达到 5 亿元，到 2024 年达到 20 亿元。

7. 团队建设

因为日本人一句"回到中国吃不到这么好的牛肉"，总裁贾丽坤放弃了北京房地产事业和对外贸易生意，回到家乡为国育牛，2019 年带着种牛和黑牛冻精来到中国西南贵州地区推动牛业发展。我们的技术团队，有 90 多岁高龄的伊藤教授，从事研究日本和牛养殖 60 多年，还有吉林农业大学与贵州大学的 3 位教授。

8. 发展规划

未来 10 年的发展目标为，2022 年将申报 100 项专利，培育 1 088 名黑牛工匠；2025 年计划完成"云上黑牛"上市；2026 年参与相关国标行

标的制定，把黑牛标准上升为国家标准，让延和黑牛成为中国黑牛；到2030年，实现联育百万黑牛，打造千亿企业的目标。

本轮计划投资25亿元，释放15%的股权，融资10亿元，其中9亿元用于种子工程，6 000万元用于技术创新突破，4 000万元用于产品研发。

我们将致力于培育中国人自己的高档肉牛、改良国内肉牛品种，带动农牧民养牛致富。

▶ 现场问答

评委： 你本人在公司里是一个什么样的职务和角色？

肖晓： 我是黑牛产业学院的创始人，即院长，也是中国黑牛种子工程的联合创始人。

评委： 高端牛肉产品年产量是多少？

肖晓： 我们一年的产量是1万头，能达到高端肉牛的占40%。

评委： 客户构成是怎么样的？

肖晓： 我们线下原先积累了一线城市的客户，基本上集中在北京、上海、广州、深圳等地区，现在启动了线上产业园，也就是云上黑牛，现在60%的客户是线上。

评委： 所有出栏量的构成是多少，即自己产业园养多少，农户养多少？

肖晓： 现在这个比例基本上达到5∶5，因为我们的繁育量规模不是很大，所以我们现在启动了民族村计划，把大量的牛送到农户、合作社手里去养。

评委： 你们未来在其他地区会有养殖计划吗？

肖晓： 我们计划今年和明年在贵州省建立19个不同民族村，到2027年要完成全国56个民族村的建设。

海鸭蛋产业化集群

项目介绍

我是来自广西的陈裕鑫,今天我带来的项目是海鸭蛋产业集群。

1. 项目产品

包括海鸭蛋及相关加工产品。北海市重点打造的三个百亿产业:海鸭蛋、海鸭蛋蛋黄酥、海鲜休闲即食产品。

2. 企业情况

在海鸭蛋市场,我们保持了行业领先,我们的标准化程度行业第一,产能行业第一,出口订单行业第一。近3年我们的销售额保持了100%的复合增长率。

我们的创始团队包括我本人和龙海军。我占股60%，龙海军占股40%。

3. 项目背景

海鸭蛋市场是一个蓝海市场，产品供不应求，无论南方人还是北方人，都喜欢吃。虽然海鸭蛋市场很好，但是却存在小且散乱的问题，绝大多数企业都是小作坊式的生产。

4. 解决方案

当初创业，面临的最大困难有2个：一是资金，二是规模生产。最初我们有5个合伙人，但是经营一年后亏了100多万元，3个合伙人选择了退出，我和龙海军咬牙坚持，承担了所有损失。当时没有进货的钱，供应商就支持了我们100万枚蛋，允许我们先销售后付款。为了完成客户紧急订单，员工曾经2天1夜不眠不休，连续工作36个小时完成任务。发展到现在，我们已经实现了生产的智能化、自动化、信息化，产能已经达到

每年3.6亿枚。

我们的业务包括养殖、加工、销售和物流仓储全产业链，牢牢把握了市场竞争的主动权。在养殖端，我们拥有8个养殖基地，从而保证了源头产品供应。在加工端，我们引进了8台最先进的生产设备，自主设计了3条串联的流水生产线。在销售端，我们开发了20余家企业端大客户，1 000余万个消费端客户，公司拥有独立的电商直播团队，开发了优选平台小程序。

有一次，一批价值100万元的鸭蛋淋雨了，怎么处理？是掺在好蛋里卖，还是降价贱卖。我们出于建立品牌的长远考虑，坚决销毁了这批蛋。诚信经营使我们赢得了众多客户的信任。

5. 项目优势

经过5年的不懈努力，我们在行业内取得了多项第一。

我们的项目优势表现在：第一，现代化水平，行业领先。我们拥有8台自动化、智能化生产设备。每个工人单班加工量达50万枚，较同行平

均水平高出80%，而破损率较同行低10%。第二，我们已经形成了产业集群。独资、控股、参股了9家公司，掌握了60%的饲料、80%的蛋源、100%的加工和80%的销售，使我们的抗风险能力大大增强。第三，渠道优势。在国内市场，建立了4个分销中心，20家连锁店，拥有500多个合作伙伴，市场覆盖200多个城市；在国际上，我们与澳洲合家兴等建立了合作关系。第四，品牌优势。我们独家推出了有机蛋品，在养殖上实行了6个统一，从蛋源上杜绝了农药残留，占有全国中高端市场份额50%以上。我们是科技部认证的高新技术企业，目前，已经获得了3项科技成果转换，2项专利，6项著作权并且拥有独家秘方。

6. 社会效益

项目的另一大亮点是产业带动作用强，我们带动了40余家企业，包括老鸭回收、鸭苗供应、饲料、兽药、仓储物流公司。从而带动直接就业140余人，间接带动就业3 000余人，将鸭农的收购价提高了150%。我们充分利用海鸭蛋的全部成分，包括蛋黄、蛋清、蛋壳，实现了循环利用、节能减排。

7. 发展规划

近3年,我们的销售额平均年增长率达到了116%;未来我们将继续扩大养殖基地,在海鲜深加工上发力,年销售额达到5亿元以上。

总之,我们是海鸭蛋市场领军企业,我们的自动化程度最高,产能最大,订单最多;我们既掌握了前端的蛋源,也掌握后端的客户,我们有产业集群优势,我们的竞争力最强。

养 殖 业

▶ 现场问答

评　委：我们国家的鸭蛋市场容量有多大？海鸭蛋与普通鸭蛋或同类产品的区别是什么？

陈裕鑫：北海是全国十大宜居城市之一，海鸭蛋是我们北海鸭子产的蛋，负氧离子很高；而且，我们的鸭子是小群散养，保证了其生态平衡。同时，我们的海鸭除了吃主食，还要吃小虾、小鱼和螺等副食，因为这些主副食营养结构丰富，海鸭下的蛋营养成分就特别高，氨基酸含量比普通鸭蛋高很多，还有很多其他营养元素。另外，海鸭蛋的口感在蛋白上非常细嫩，蛋黄流油起沙。

评　委：海鸭你们自己养了多少？跟专业合作社合作了多少？

陈裕鑫：我们自己大概养殖了20万只，剩下的是跟合作社以"公司＋订单＋农户"的模式来养的。而且，我们是保价回收，如果有些农户的资金有困难，我们先将饲料赊给他们，然后等他们的鸭蛋产下来再回收。

加工流通业

高附加值柠檬六分离加工技术

项目介绍

我是檬泰生物科技有限公司（简称"檬泰"）的股东刘雁成，日本筑波大学分子生物学博士，负责柠檬果胶大健康产品研发。我们立志成为柠檬界的"泰山北斗"，公司因此而得名"檬泰"。今天给大家汇报一颗价值千亿元的小柠檬。

1. 行业背景

我们坐落于重庆市潼南区，这片区域产出中国80%的柠檬，有30万果农以此为生。但中国柠檬产业精深加工严重不足，市场波动极大，产值从100亿元跌到了31亿元，又涨回81亿元，这期间曾让无数果农"含泪砍树"。

2. 解决方案

檬泰独创"柠檬六分离技术"，全国唯一，将一颗柠檬从外到里，吃干榨尽。其中我们最核心的技术，也是我们首创的技术——柠檬鲜皮的工业化果胶提取技术，将柠檬皮变废为宝，同时解决了30%的次果销售难题。

果胶是一项关乎我国 14 亿人民食品安全的"卡脖子"问题。根据海关进口数据，我国 80% 的果胶依赖进口，严重威胁食品安全。

因此，我们创新了酸提醇沉法的柠檬鲜皮果胶提取工艺，研发设计了柠檬鲜皮果胶生产线，采用国产自主研发设备，使果胶品质指标提升 1.2 倍，设备成本从 2.1 亿元下降为 1.1 亿元，成功解决高质量果胶"卡脖子"问题。

另外，果胶生产废水处理是世界级难题。檬泰投入 3 000 多万元，创新性地将果胶废水分为 5 个工段，独立处理，实现黄酮、氮素等资源回收，80% 减排，成为重庆市首批"揭榜挂帅"项目。

3. 市场潜力

当前檬泰已获得各界认可，成为重庆"十四五"规划新增支柱产业，各级领导多次来公司调研。

果胶是一种白色粉末状的水溶性膳食纤维，可用于酸奶，软糖，酒水饮料及医药保健品（如胃药），还有抗癌排血铅等功效，涉及食品产业和大健康产业。

中国果胶市场以每年20%的速度上升,国内供应严重不足。在食品领域市场规模约30亿元,而更为广阔的大健康领域拥有3 000亿元的市场。

4. 竞争优势

当前中国有两家果胶上市公司:山东安德利和安徽砀山海升,但檬泰是中国唯一一家规模化利用柠檬鲜皮的果胶生产商,而且计划产能规模最大。

同时,我们的鲜皮果胶提取技术让价值13万元/吨的果胶节约40 000～50 000元的成本,大大提高了产品竞争力;当前已拥有意向订单上千吨。

当前项目已经完成3亿元投资,包括生产车间及研究院大楼的建设。预计果胶将于明年投产。

5. 团队建设

公司董事长崔秋檀拥有30年实业经验,销售总监余一波过往果胶销

售额超过1个亿，合伙人谢继东是管理学博士，合伙人邢子刚是原果胶上市公司常务副总；孙仕桥是原果胶上市公司技术总监；陈学哲是中国第1份果胶标准起草人；张团旗是设备国产化资深专家；我是日本筑波大学分子生物学博士。檬泰为技术专家设立资金池，将拿出30%果胶净利润。檬泰果胶大健康产品由叶祖光教授带队研发，叶祖光教授是中国药食同源目录签发人。

檬泰科研力量强大，已经具有17项发明专利，其中小分子果胶提取技术国际领先，同时拥有全面的果胶数据库，且已与12家高等院校深入合作。

6. 发展规划

檬泰将于明年全面投产，预计盈利1.75亿，实现税费8 000万元。

檬泰战略规划为：①5年实现果胶国产替代；②开拓果胶大健康产业，提升果胶市场规模，带领柠檬产业发展。

加工流通业 ◀

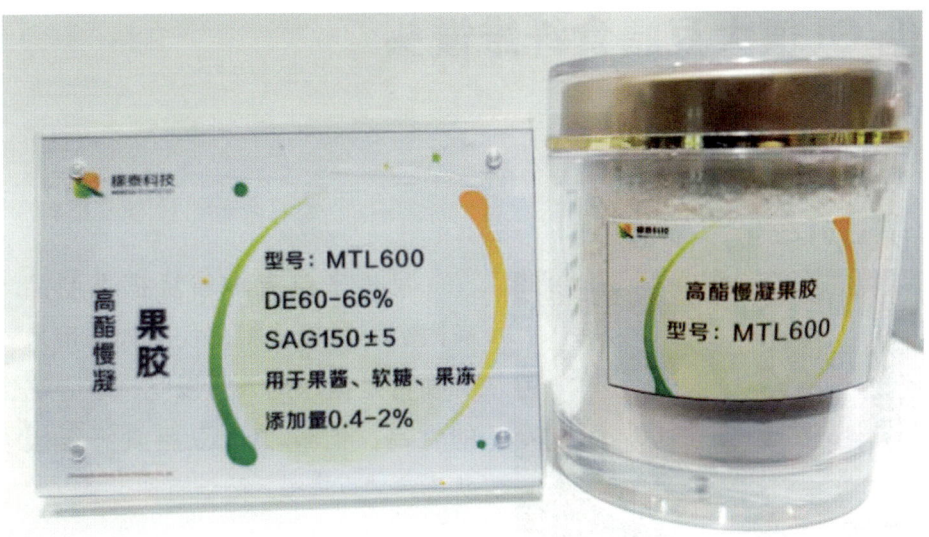

▶现场问答

评　委：果胶的重要意义是什么？以及你们这个产业生产果胶对我们国内有关行业的重要意义是什么？

刘雁成：果胶是从植物皮层中提取的一种食用膳食纤维，可以作为绿色食品添加剂，同时大量的医学证明它具有抗癌作用。我们企业在国内排名前三，除了两家上市企业，我们算是最大的。其他企业用苹果渣作原料，但它提取的果胶要低于柠檬皮。

评　委：你们利用柠檬干皮进行生产。对其他的加工企业以及种植柠檬的农民有什么好处？

刘雁成：我们通过精深加工确保了柠檬次果的使用，可以让卖不出去的柠檬次果价格提升；同时稳定了整个柠檬鲜果的价格，降低其市场波动，确保农户每年都能有稳定的收益。

低 GI 值大豆膳食纤维馒头

项目介绍

我是来自吉林省烧锅豆制品有限公司的刘俊梅，我为大家带来的项目是糖尿病人可以吃、放心吃的食品，低 GI 值大豆膳食纤维馒头——"豆馍馍"降糖有你。

1. 行业现状

2019 年 3 月国务院新闻办公室举行的新闻发布会上表明，"中国大豆的需求量每年大概在 1.1 亿吨，而我国大豆产量在 1 600 万吨左右"。也就是说，我国 85% 的大豆依靠进口，那么这意味着什么？特别是新冠肺炎疫情当下，大豆更是价格疯涨，今年大豆平均价格达到 6 400 元 / 吨，创历史新高，且居高不下。

我们公司是东北三省排名前三的传统豆制品加工企业，投资 1.45 亿元，拥有 16 条线，20 多个品种，每日产鲜豆渣 50 吨；每日还要花钱处理豆渣，国内传统大豆加工企业都面临着大量的副产物、豆渣资源化利用和环境压力问题。原材料价格疯涨，产品价格不敢涨，已经成为大豆的"卡脖子"问题。

2. 解决方案

经过调研,我们发现糖尿病人每年以 3.22% 的比例增长,我国现有糖尿病人群基数达到了 1.14 亿人,于是我们开发了"豆馍馍"低 GI 值大豆纤维馒头系列产品,它是可以让所有糖尿病人都可以放心吃的馒头,真正解决了大豆加工副产物资源化综合利用的问题,同时实现产业链的延伸。我们公司开发的低 GI 值大豆膳食纤维馒头与普通小麦馒头的区别在于:大豆膳食纤维馒头是利用果蔬、坚果和蘑菇等原材料分别开发的瘦身美体、健康益智和增免抗癌的三大系列、六种主食化特色馒头。

3. 核心技术

我们利用酶改性解决了大豆膳食纤维口感粗糙的问题,筛选出特定菌种解决了发酵难的问题,进行两段式发酵真正实现标准化生产解决了工艺难的问题。我们获得了 1 项国际发明专利,申请 8 项国内发明专利,目前获得了 2 项授权。膳食纤维含量 ≥ 50%,GI 值(血糖生成指数)≤ 40,我们是低 GI 值大豆膳食纤维馒头的全国首创。

一个好项目的优秀成果都有一个漫长的发展历程,我们的产品是经过12个教授、16个博士的70人团队,历时14年,经过多次试验研发出来的。2020年9月我们完成中试进行市场拓展,通过进驻欧亚商超、地利生鲜和草根超市等313家销售点进行销售,获得消费者认可。2021年开始全面销售,完成线上线下销售渠道建设;上半年我们又对产品进行冷冻胚形式升级,开创了一站式加盟的新业态模式,带动大家共同致富。

4. 项目优势

我们的项目有三大核心优势:首先,成本低,附加值高,0.3元/个的低GI值大豆纤维馒头与0.5元/个的小麦馒头相比,直接增效40%,间接增效200%。其次,我们可以实现标准化,目前我们处理10吨豆渣,日产量56万个馒头,仍供不应求,正在考虑扩产。最后,我们的销售渠道成熟,产品接受度高,公司与现有经销商建立的销售渠道,直接间接售卖达到70%。

我们有五大竞争优势:①全国首创,蓝海市场;②自有菌种,专利保护;③原料排他,节本增效;④工艺稳定,渠道成熟;⑤生产成本低,现金周转快。

5. 财务分析

我们公司于2019年9月上市,2020年销售产值达2 640万元,2021截至目前销售产值达到了4 596万元,销售增长率达到了74.1%,项目处于快速成长期;同时,解决3 000多就业岗位,订单加工带动区域50余户农户增收。

6. 团队建设

我本人作为原始创始人,拥有大豆膳食纤维项目技术股份 30%,我们的两位联合创始人分别占股 40% 和 20%;另外留出 10% 作为员工激励股份。我们的专家团队:一位是胡耀辉教授,是国家大豆产业技术体系加工研究室原主任,食品生物制造科技创新平台负责人,也是我的恩师;另外一位是我留学美国的师兄,是国家大豆产业技术体系加工研究室现主任;还有留学日本的师姐,朴教授等。

7. 融资需求

未来我们公司计划出让股权 5%,融资 1 300 万元,主要用于引进 18 条生产线。

小馍馍,大产业;豆馍馍,健康你我!

▶ 现场问答

评　委：你们的1个馒头卖多少钱？

刘俊梅：我们的馒头可能和大家想象中的不一样，我们将6个小馒头装在1个盒子里，1个馒头的成本是3毛，卖五毛，净利润是67%。另外，豆渣以前都是花钱请人处理，基本上没有得到利用，现在豆渣的收入已经占公司收入的30%。

评　委：你们现在有多少员工，拉动了多少就业？

刘俊梅：我们豆制品企业属于传统行业，应该说是劳动密集型的，目前在职的是172人，所有员工将近400人。

评　委：那您的这个销售团队有多少人？

刘俊梅：销售团队我们占了一点优势，因为我们豆制品企业原来的销售渠道已经很成熟了，去年的产值将近9 000万元，今年已经过亿了。我们的销售体系是一批传统销售人员加上60人做电商营销。今年销售额的增长就是因为我们又开了一个一站式加盟，即选址之后，付1万元就可以加盟我们；我们不仅配套送馒头，还帮着回收，实际上等于把"迷你"型的工厂建在了每一个销售点，这是今年销售额增长的最大优势。未来我们要把它形成一个自主品牌叫"烧锅馒头"。

评　委：您的菌种是不是比较具有竞争力？

刘俊梅：对的，我们的菌种已被送到国家保藏中心，这个是我们前期的研发成果，也是公司现在最大的竞争优势。

薰衣草苗木研发

项目介绍

我是张蕴力,今天我汇报的项目是薰衣草苗木研发。伊犁河谷,素有"西域湿岛""塞外江南"的美称,是中国西部最具魅力的地方之一。薰衣草,被称为"宁静的香水植物",是重要的天然香料植物。现在伊犁地区薰衣草种植面积占全国的95%以上,是目前国内薰衣草最大产区和生产基地,也是世界三大薰衣草主产区之一。

1. 企业介绍

伊犁河谷农业科技集团有限公司,成立于2012年11月2日,9年来,通过团队的不懈坚持与努力,创建了占地20 000余亩(13.5平方千米)的伊犁河谷万亩薰衣草产业园,是自治区农业产业化重点龙头企业,中国大面积有机种植薰衣草第一企业。2018年中央电视台《航拍中国》栏目组薰衣草主题选址地。

2. 创业故事

一次偶然的边疆旅行,我看到了新疆的美、伊犁薰衣草的美。正逢当地政府在招商引资,由此萌生了一个大胆的念头。到新疆去,去做"戈壁滩的开荒者"。我是一个有行动力的人，于是果断放弃已取得的优质生活，来到国家级贫困县新疆维吾尔族自治区察布查尔自治县。在这里，我带着"做出中国薰衣草品牌"的初心从零开始，只为实现心中做大、做强薰衣草产业的梦。

3. 团队建设

我们公司现拥有一支博士专家团队，并与中国科学院西安分院、陕西省科学院、西北大学签署了长期的产学研战略合作协议，包含土地改良、苗木研发等项目。在公司科技团队不断创新的基础上，获批新疆维吾尔自治区博士后科研工作站及博士后科研创新基地，目前科研工作站分为事业发展部、课题组、中心实验室；现拥有博士生导师1人，博士2人，工程师2人，专业技术人员6人。

4. 产业发展

目前薰衣草苗木品种从原来的4种增加至44种，精油亩产量由5~6

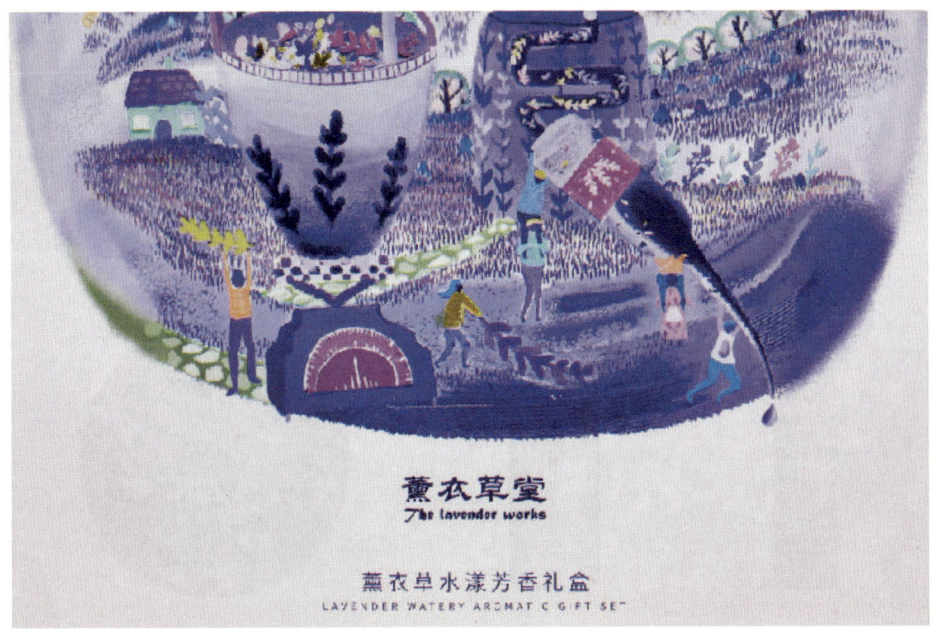

千克增长为 10 千克；种植面积达到 11 500 亩，已实现规模化。首批选择 6 种苗木进行大面积种植，6 个苗木品种的主要成分达到国家标准，其中 2 个苗木品种达到或超过法国薰衣草行业标准。公司已成功通过苗木、鲜花、蜂蜜、精油纯露、日化等产业实现加快薰衣草产业综合发展。

薰衣草苗木——培育更优质薰衣草苗木，实现跨地区种植，增加规模化广泛推广。

薰衣草鲜花——进入北京、上海、重庆、成都等城市鲜花市场售卖薰衣草鲜花，开拓薰衣草鲜花市场。

薰衣草蜂蜜——国内有机薰衣草种植第一企业，发展有机薰衣草蜂蜜，填补了国内有机薰衣草蜂蜜的市场空白。

薰衣草精油及纯露——中国薰衣草精油进口量连续多年呈 20% 以上增速，为减少对进口薰衣草精油的依赖，伊犁河谷将生产更多优质薰衣草精油，填补中国市场的空白。

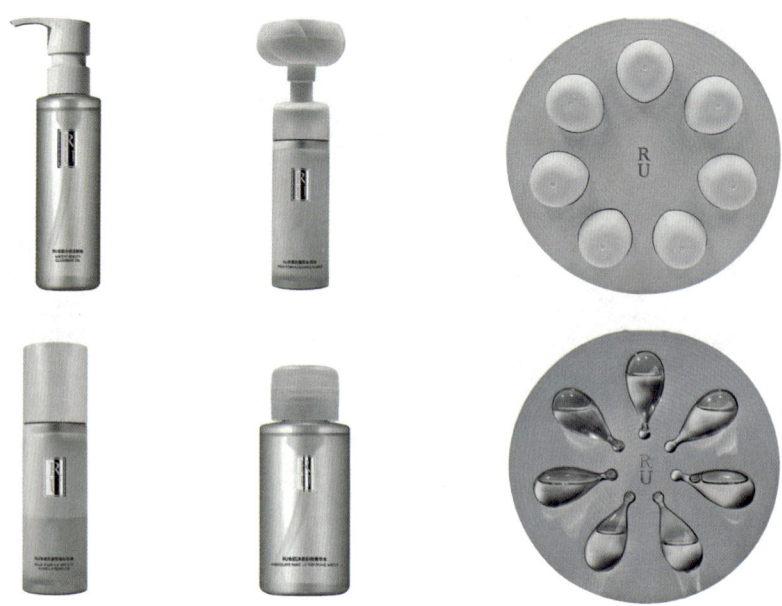

薰衣草日化应用——给国内外众多大型护肤品及日化、医药企业提供优质薰衣草原料，目前已成为国内较大的薰衣草原料供应商。

推广发展薰衣草旅游产品——正在打造伊犁河谷国家农业公园，同时与北京、江苏、内蒙古、河北、福建等地多家景区及绿化公司合作，发展薰衣草主题旅游园区。

5. 社会效益

扎根农村，实现共同富裕。公司采取"公司＋基地＋专业合作社＋农户"的经营模式，直接带动周边500户、辐射带动700多户农户参与薰衣草种植生产工作。自2015年6月起，年帮扶重点贫困户16户，资助孙扎齐牛录村贫困学生8名；安排农户就业数126户，其中困难户就业数39户，年解决少数民族农牧民长短期用工人数达5.1余万人次。9年来，累计解决少数民族农牧民长短期用工人数达35万人次。

6. 财务分析

由于公司开发的土地为半荒地，开始的几年主要是对园区路网、水网、电网及土地改良进行全方位的投入，收益微薄，我们称之为"扎根"。2018年综合收入4 784万元；2019年综合收入4 352万元；2020年受新冠肺炎疫情影响，年综合营业收入3 950万元。2021年截至目前实际完成加工薰衣草精油12吨、薰衣草纯露3 200吨，包括终端产品销售在内，年综合收入5 800万元。

7. 发展规划

未来3年，伊犁河谷万亩薰衣草产业园将逐年增加种植面积，结合一二三产业协同发展，预期企业综合年收入将增加至1.5亿元以上，带动整个薰衣草行业以年20%的速度增长，带动薰衣草延伸产业50亿元以上的市场份额。

绿水青山就是金山银山。未来，通过我们团队的不懈努力，使边疆美一点，周边农民富一点；科技成果转化多一点；以创新科技为基础的薰衣草产业强一点；共同实现让"伊犁河谷"这一中国薰衣草品牌走向世界。

▶ 现场问答

评　委： 能不能用一句话来概括一下你们的盈利模式？

张蕴力： 盈利模式有两种：一是做中国最大的原材料供应商；二是发展终端产品，用最好的精油做最好的产品。

评　委： 原料供应商这一块做到什么程度了？

张蕴力： 现在整个园区薰衣草种植面积 11 500 亩，薰衣草精油产量达到 12 吨，纯露达到 3 200 吨；在原材料方面，通过我们科技创新的新品种正在大面积拓展，让精油的品质和产量增加，提升其价值。

评　委： 你们与周边种植农户之间的利益联结机制是什么？

张蕴力： 公司现在拥有的土地，一些是流转半荒地，是政府的；另一些是流转的村集体的。我们现在把农户培育成产业工人，现有的农户都在我们园区工作，年平均解决就业 5 万人次。在未来成果转化的同时，我们将优质苗木推给周边的合作社和农民去种植，带动更多的农民种植，产生更多的收益。

评　委： 从财报来看，近几年的营业收入是逐年下降的，是存在一些不足或短板吗？今后打算如何完善和应对？

张蕴力： 由于公司开发相当于是"半戈壁"，前 6 年的时间主要是跟土壤斗争，进行土地改良和园区的基础设施建设，是用公司自有资金来完善的。2018 年有 4 000 余万元的收入，到 2019 年有所下降，主要受新冠肺炎疫情影响。

桂阳五爪辣　香辣传天下

项目介绍

我是来自湖南的张惠影，我汇报的项目是桂阳五爪辣，香辣传天下。

1. 创业背景

我是"90后"东北小妞，湖南辣都集团的大股东，现任辣都食品公司董事长兼总经理。辣都集团牵头为桂阳县成功申请第一个国家农产品地理标志产品"桂阳五爪辣"。从此我与"桂阳五爪辣"结缘，开启了我的辣椒梦之旅，人称我"东北小妞，湖南辣妹"。

"桂阳五爪辣"生长在湘江源头的南岭山脉，平均海拔600米以上，昼夜温差大，土地富含钙、镁、铁、锌等微量元素，还有清洁的山涧水流，这些均造就了"桂阳五爪辣"又香又辣的皇冠品质。

湖南人无辣不欢。齐白石说过:"我就是喜欢餐餐吃辣椒炒肉"。黄永玉说过:"我是青辣椒炒红辣椒,就是辣"。

2. 竞争优势

辣都集团紧紧依靠以邹学校为首的院士专家团队,对"桂阳五爪辣"原种提纯复壮,亩产由200千克提升到400千克;平均单价由6元/千克提升到12元/千克,实现了单产和收购价格双翻番,农民每亩增收3 600元。

在食品中多加或者滥用化工类食品添加剂是有害的,我们怀着一份保护人民身体健康的责任心,公司经过上百次试验,通过无菌车间生产、高温杀菌和天然香料植物防腐,实现了鲜辣椒加工食品添加剂"零添加",得到市场和消费者广泛认可。鲜辣椒加工"零添加"技术,目前在国内是领先的,也是唯一的。

我们有一双鹰一样的眼睛,寻找市场机会,美国的"TABASCO"辣椒酱凭借橡木桶窖藏技术和酸辣、甜辣口味,主打西餐市场,鲜辣椒加工

附加值每千克达到200元以上；我公司生产的"西溪辣都"牌系列辣椒酱，将与美国"TABASCO"辣椒酱竞争国内西餐市场，并把鲜辣椒加工的附加值提高到100元/千克以上，毛利率由20%提升到40%。

我们还将开展辣椒面条、辣椒红茶、辣椒饼干、辣椒啤酒等新产品的研发。

3. 团队建设

我们更有一个青春的创业团队，辣都食品公司团队平均学历本科以上，平均年龄35岁以下，是一支充满青春活力的生产销售和创业创新队伍。

4. 成长计划

辣都食品公司2020年销售收入700余万元，2021年1—11月已实现销售收入1 300余万元，预计全年收入达2 000万元；预计未来三年内达到年销售收入7 000万元，5年内达到年销售收入2亿元。为此，公司计划以股权融资的方式，引进资金 1 000 万元用于新厂房建设。

5. 产业现状

一颗小辣椒，催生农村一二三产业大融合。辣都集团牵头成功创建桂阳县"2019 年中央农村一二三产业（辣椒）融合示范县"项目，三产融合项目初具规模，凸显出良好的经济效益和社会效益。

第一产业：建成"桂阳五爪辣"集中育苗大棚 30 000 平方米，落实"一控、两减、三基本"措施，采用绿色生产方式，带动农户丰产优质种植 10 000 亩，吸引农民回乡创业 1 000 人。

第二产业：辣都食品公司已建成 10 万级净化车间、全自动化生产线，年收购、贮藏和加工辣椒 1 000 吨，与 500 户农户签订了订单农业收购合同；计划未来两年内扩建厂房 10 000 平方米，年加工辣椒 10 000 吨，安排农民就近就业 500 人。

第三产业：辣都集团与邹学校院士共同发起筹建世界辣椒论坛，目前正在建设辣椒文化、农耕文化旅游区，预计 2022 年底试营业，可安排直

接就近就业500人，间接带动就业1 500人。

我的辣椒梦，就像一团星星之火。通过农村三产融合发展，推动农业产业链延伸，创造更多的农民就近就业与增收机会，助推实现"产业兴旺，生态宜居，乡风文明，治理有效，生活富裕"的乡村振兴战略目标。

▶ **现场问答**

评　委：概括一下你们的商业发展模式？

张惠影：第一产业，我们与农户签订订单农业合同，我们发放种子，并回收他们的辣椒；第二产业，也是支柱产业，建成了10万级无菌净化车间，定位为高端辣椒酱，主要与美国"TABASCO"辣椒酱竞争国内西餐市场，比如星级酒店、西餐厅等；第三产业，我们做辣椒文化旅游区和筹建世界辣椒论坛，以旅游区的方式营收。

评　委：你们在国内的竞争对手和竞品有哪些？现在产成品的销售量有多少？

张惠影：鲜辣椒加工目前我们在国内没有竞争对手，因为像老干妈都是干辣椒加工的。销售量今年截至目前是1 300多万吨，预计到这个月底能达到2 000万吨。

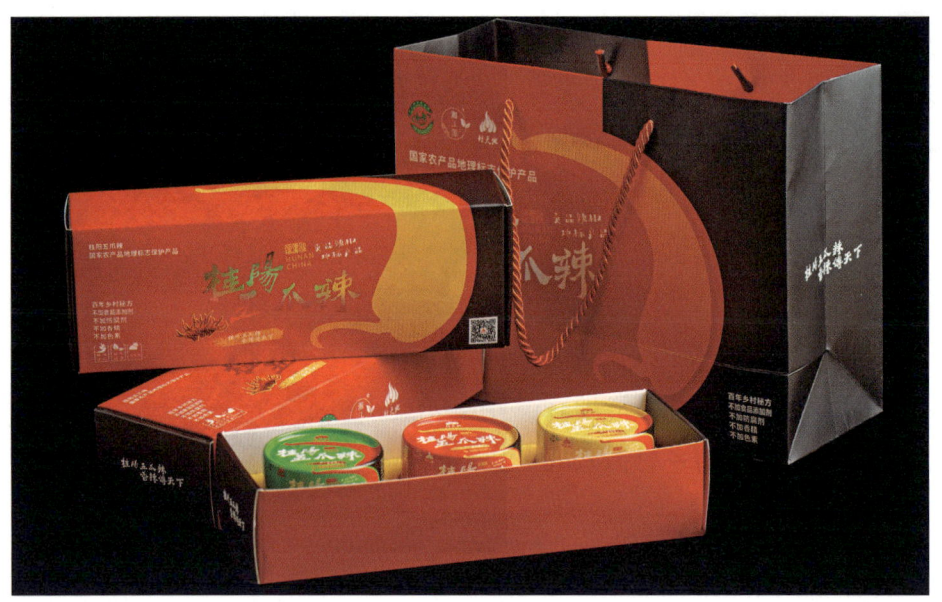

评　　委：现有的加工能力能消耗多少辣椒种植面积？与农户的利益联结机制是怎么设计的？怎么样推动农户种植你们这个品种的辣椒？

张惠影：目前种植面积是5 000亩左右，产值是1 000吨左右。我们免费发种苗，跟农户签订单农业收购合同，保底价是5～7元；他们也可以随行就市，比如市场价卖8元，我们也可以8元收。如果保底价是5元，每亩能给农户带来4 000元的收入，现在有500户农户与我们签订了合同。

评　　委：制约你们公司发展的瓶颈有哪些？

张惠影：酸辣和甜辣这类鲜辣椒酱，国内接受度不是很高，推广方面可能需要点力度。

山杏仁产业链深层价值的研发

项目介绍

我是来自于河北省承德市的薛志强,我给大家带来的项目是山杏仁产业链深层价值的研发。

1. 项目产品

我们这个项目的产品是山杏仁深加工产品,山杏仁浑身是宝,产品分为三大系列,分别是食用、药用和环保材料,其中,食用部分可做植物蛋白饮料,药用部分可提取苦杏仁苷,杏壳可以生产环保材料活性炭。我公司在山杏行业拥有3个"第一",分别为产量第一、销量第一、行业影响力第一。

2. 行业痛点与解决方案

我国山杏仁资源丰富,山杏仁加工及相关产业市场规模可达千亿级。但是传统行业存在着三大痛点:一是产品单一;二是生产效率低;在加工过程中会产生大量剧毒氰化物,严重影响人畜植物的生长。通过我公司多年的研发与实践，致力于不断提高山杏仁深加工程度、自主研发设备，利用杏仁1种原料同时得到了4种产品，解决了产品单一、生产效率低的问题。运用灭保苷技术，抑制了氰化物的产生，解决氰化物污染问题。

3. 项目优势

我们项目的优势有2个：第一，我国山杏仁药用含量和营养价值最优，其中天然苯甲醛和苦杏仁苷含量是其他国家的2～3倍，含量差别如此之大，是因为优质山杏主要生长于北纬43°，北纬43°的杏树林大多生长在我国东北三省，我公司正位于其中心地带，所以说世界杏仁看中国，中国杏仁看我公司。第二，传统行业杏仁加工利润率低，仅有8%，制约了山杏仁行业的发展，而我们的创新产业链利润率可达70%，是传统行业的8倍。利润率的差距源于技术与工艺的提升，传统行业杏仁加工只可以得到杏仁一种产品，而我们在创新产业链的基础上还可以增加热源、活性炭、苦杏仁苷3种产品，大大增加了产品的附加值。苦杏仁苷在欧美国家

应用于抗癌药物,而这种原料只能在我国进口,可以说是我国战略性物资。

我公司拥有山杏全产业链的先进生产设备,其中破核取仁生产线和杏仁脱苦生产线是由我公司完全自主研发的,产能及先进性具有同行业领先的地位。我们之所以有这么好的效益,是因为有四大技术的支撑,实现了国内首家把灭酶保苷、控制苦杏仁苷热分解、机械式蒸汽再压缩技术(MVR)应用到杏仁脱苦中,解决了氰化物对环境的污染问题,纯化出含量达 98.5% 以上的苦杏仁苷晶体,填补了国内苦杏仁苷晶体药用的空白。

4. 企业现状

目前我们已经实现产业链工业化生产,我们拥有 5 项实用新型专利和 1 项发明专利,其中有两项实用新型专利已经达到世界领先地位。截至目前我公司总投资 2.8 亿元,厂房占地 60 000 余平方米,今年我们总公司还获得了国家级农业产业化重点龙头企业的荣誉。我们 2018 年销售额为 1.2

亿元、2019 年销售额为 2.0 亿元、2020 年销售额为 3.8 亿元，年平均增长率为 108％。

5. 团队建设

我本人担任公司总经理，占股 49％，从事相关生产管理工作 11 年。针对公司发展我们组建了研发、机械、自动化等专业技术团队。

6. 市场前景

我们拥有广泛的市场覆盖率，国内客户有承德露露、六个核桃、中粮集团等；国外销往英国、荷兰、意大利等多个国家。目前我们的产销量占整个行业的 60％ 以上。

7. 社会效益

直接带动 2.3 万个农户，间接带动 1.2 万个农户从事杏仁行业，公司直接安排 138 个贫困户就业；生态方面，热源充分利用解决了氰化物污染问题。

我们企业的发展目标是小杏仁、大产业，走出中国，迈向世界。

▶ 现场问答

评　　委：你们的核心竞争力是什么？

薛志强：我们的核心竞争力：第一，全产业链的发展；第二，我们有四大技术深度研发产品的附加值；第三，我们有完全自主研发的行业最先进的设备，这三项支撑了我们整个企业的核心发展优势。

评　　委：苦杏仁苷这个产品目前是只有你们能生产，还是其他国内外的一些其他企业也能生产？

薛志强：苦杏仁苷不是只有我们能生产，但由于我们是产业链化生产，这种低成本、高价值的生产方式目前只有我们能做到。杏仁是药食同源的产品，其他行业只利用其药用部分，而食用和药用部分兼用还做不到，且会产生大量的污染源氰化物；而我们公司突破了这一难点，既能得到食用部分的蛋白质，又能得到药用部分的苦杏仁苷，同时还解决了污染问题，这是我们最大的优势。

评　　委：现在3.8亿元的销售额里主要的产品是什么？设备转让、技术转让和产品销售各占的比例是多少？

薛志强：我们目前的销售来源有三大块：第一是脱苦杏仁，我们是承德露露的最大供应商；第二是活性炭；第三是未来突破最大的苦杏仁苷，近几年我们才把苦杏仁苷这项产品技术突破，这也是我们的明星产品和未来打造的亮点产品、增值产品。至于三者所占比例，设备转让收入占比很小。

藜麦深加工产品植物蛋白奶

项目介绍

我是来自小杂粮王国山西省的张宏，我参赛的项目是藜麦深加工产品植物蛋白奶，"台藜奶"是一款营养可以媲美牛奶的植物奶。山西五台山天域农业开发有限公司，是藜麦的全产业链运营公司，中国藜麦产业的开拓者和推动者之一，在中国首批种植、推广、科普藜麦。

1. 项目背景

藜麦是高寒作物，有7 000年的食用历史；且具有独一无二的营养结构，单体含有人体的全部基本营养需求，蛋白质的品质和肉蛋奶相同，被选为宇航员最理想的食物，联合国粮农组织推荐的唯一全营养食物。

人们喝牛奶来补充营养，但是很多人会出现腹胀、腹泻等反应，反而影响营养的吸收。全世界乳糖不耐受者约30亿人，中国有11亿人，还有牛奶蛋白过敏者4 000万人。

我们发现，藜麦的"优质蛋白特性＋全营养特性"非常适合开发成高品质的植物奶；于是研发出了"台藜奶"，蛋白质品质和含量达到牛奶水平，不含乳糖，弥补了牛奶和普通植物奶的不足。

台藜奶有四大特色：①安全、健康、天然，无添加剂。②低糖、低脂、轻卡。③高端食材，特色工艺。有机食材种子磨制，非粉剂稀释；纯植物配方，不掺配动物乳。藜麦为主要原料，搭配大豆和燕麦，营养丰富，可完全媲美牛奶；含多种有益微量元素，还包含牛奶不具备的多种元素。

2. 项目优势

行业风口，市场蓝海：牛奶市场现状为：全球牛奶最大消费国为美国，销量8年大幅下滑13%。植物奶市场现状为：2020年全球植物奶市场180亿美元。"OATLY"2018年进入中国，年复合增长330%。2020年中国植物蛋白饮品销量上升800%。

产品创新，开创杂粮产业新赛道：杂粮制作成植物奶增加杂粮产业附加值，引领消费升级，为乳糖不耐受、素食等人群提供新的营养选择。让烹饪不便的杂粮适应快节奏生活方式，开盖即饮，大大扩展了杂粮的消费场景。

先发优势，自主知识产权：台藜奶是自主研发、独家生产，申请了

发明专利，制定了企业生产标准。已在一线城市打开市场。消费者口口相传。

更适合国人体质，品质易控好发展：台藜奶无乳糖、无胆固醇，不存在抗生素、激素等安全问题，生产简单可控，而牛奶的品质受太多外部因素影响。

产业投入低，经济效益好：同样规模的产量，牛奶总投入是台藜奶的15～20倍。牛奶产业环节多，人力、物力等需要持续性投入，台藜奶投入则极少。

节约资源，环境效益显著：台藜奶生产简单，对环境友好，节约社会资源。零排放，零污染，零占地。

3. 核心团队

核心成员来自各行业的专家，大家按专长、分工进行持股。我是项目的创始人，高级农业师，全面管理项目。

4. 核心技术

我们用专业认证为产品安全护航，产品通过了质量管理体系认证（ISO9001）、食品安全管理体系认证（ISO22000）、食品安全保证体系认证（HACCP），有机产品认证。已经形成自己的技术，包括精磨技术、灭菌技术等。

5. 项目前景

国家鼓励杂粮的精深加工；全国12亿乳糖不耐受消费者的巨大需求；2026年我国植物蛋白饮料市场规模预计为1 400亿元；消费升级，消费者更注重食物的营养均衡、安全、环境保护；素食理念正成为全球时尚的生活方式。项目绿色可持续发展，是助力实现碳中和的朝阳产业，如果台藜奶能代替1%的牛奶份额，每年将减少二氧化碳排放59万吨，节约耕地66万亩，少占土地250万平方米。

6. 社会效益

台藜奶产业，致力于解决山区农户卖粮难，增加收入；通过延伸产业链，引领产业升级和融合发展。已经带动300多农户（包含82户贫困户）脱贫增收。

7. 融资需求

项目已经形成稳定增长态势，估值1亿元，融资1 500万元，出让15%的股份，用于新建厂房、购置设备、新品生产、产品推广等。

选择台藜奶，营养有"藜"量！

▶ 现场问答

评委： 藜麦来源除了自己的种植基地外，还在外面采购吗？

张宏： 我们下一步计划去外面采购，因为开始我们是藜麦的种植者，产业比较简单，只有育种种植，后来我们做了深加工、自己研发这一块；将来我们产业做大以后肯定要出外采购，但是我们是用自己的品种。现在我们跟农户合作的时候，也是种植我们自己研发的品种，非常适合做台藜奶。

评委： 配料里面有大豆和燕麦，也是来自自己的基地吗？

张宏： 对，这是我们自己琢磨出来的，因为我们以前也没做过食品，就用这种最笨的方法，查资料，不断尝试、检测，这个配方因为添加了大豆和燕麦，口感和营养大幅度提升。

评委： 产品的生产环节，您有提到很多的创新技术，我想知道创新的品质是如何保障的？

张宏： 首先是我们这个产品是自己研发创新的，质量管理体系认证（ISO9001）、食品安全保证体系认证（HACCP）等都通过了。另外，我们的生产设备，也是自己创新的、独家的。

评委： 藜麦和藜麦奶，对于大众消费者来说是一个比较新型的产品，在市场营销上你们有一些什么举措？

张宏： 目前我们的市场营销主要是线上和社区团购，我们一开始做这个产品，要对大家做一个推广普及，社区团购相当于是意见领袖，能把我们的产品知识、卖点、好处准确传达给消费者。另外，我们也想通过融资扩大宣传，有的商家也在做藜麦奶，但他们只是在牛奶里面添加了藜麦的籽粒，而我们是完全把藜麦做成代替牛奶的饮品。

评委： 我看到你们的商业模式里面有一二三产业的融合，是如何融合的？藜麦奶中藜麦的成分占有多少？

张宏： 我们从种植端开始种植、加工、生产、销售，全产业链在运作。藜麦奶中藜麦的成分占比超过90%。

科技创新赋能传统奶制品产业发展

项目介绍

我是内蒙古牧名食品有限责任公司的傲特更脑日布。我汇报的项目是科技创新赋能传统奶制品产业发展。

1. 行业痛点

鄂尔多斯有很多好的传统奶制品,比如乳清、黄油、奶皮等,但卖不出去。这些产品质量好,100%来自牛奶,但价格上不去,没有足够的利润空间。还有乳清作为牛羊副产品,未被有效利用,未能充分开发其经济价值。

2. 解决方案

针对以上问题我们做出了如下解决方案:首先,建设标准化厂房,占地面积 7 200 平方米,6 条标准化生产线,进行规模生产。其次,深度开发乳清产品,从菌种鉴定到定向发酵,建立了整套研究数据及工艺流程。再次,制定了 4 个地方标准和 10 个团体标准。最后,建立了呼和浩特市、包头市、鄂尔多斯市的中央仓库及配送团队,加强线上线下的服务。

3. 主要产品

我们主要聚焦在乳清饮料和黄油两款产品,产品原料 100% 来自散养奶牛牛奶,没有任何的添加剂。我们也通过了 CAQS-GAP 体系认证,从奶牛养殖到生产加工全程可控可追溯。乳清饮料致力打造北方"王老吉",聚餐宴请就喝乳清饮料。内蒙古自治区首个拿到 SC 生产许可证的乳清产品,是国家级名特优新产品。蒙医药里记载,乳清有排毒解酒、降"三高"的功效;黄油减脂、润肠更有效。

4. 获得荣誉

在创业的路上也获得了肯定与荣誉。我公司 2020 年被评为鄂尔多斯农牧业产业化龙头企业,还是内蒙古传统奶制品产业发展首批试点示范单位、内蒙古自治区诚信单位等。我们也是鄂尔多斯传统奶制品产业化联合体发

起单位、鄂尔多斯传统奶制品产业协会会长单位，关联65家企业、合作社及小作坊。个人方面，本人被评为全国农村创新创业优秀带头人、德国红点设计奖、内蒙古标准化院专家、鄂尔多斯市五四青年奖章、鄂尔多斯市十佳农牧民创业者、乡村振兴优秀人才、乌审旗劳动模范、乌审英才等。

5. 技术与专利

我们制定了4个民族特色奶制品的地方标准和10个团体标准，目前是传统乳制品行业里制定标准最多的企业。知识产权方面申请了3个发明专利，2个实用新型专利和一些商标及著作权。

6. 团队建设

我们有自己主要运营团队和研发团队，运营团队中三位有海外留学背景，我本人毕业于南京航空航天大学和瑞典西部大学。研发与一院一校合作，其中，内蒙古农业科学院主要以产品研发为主，有四位博士和两位研究员；南京航空航天大学主要以设备开发设计为主，有两位教授。

7. 商业模式

首先建设可复制性工厂，进行标准化、规模化生产。100% 自由技术，已复制两个工厂。还有中央仓储加配送团队进行服务，呼和浩特市、包头市、鄂尔多斯市共有 140 平方米冷藏库，有 6 辆配送车辆。最后聚焦渠道，有酒的地方就有乳清饮料，跟酒厂合作。不能有酒的地方，跟政府合作，目前是鄂尔多斯市政府，乌审旗委政府接待专用饮料。

8. 社会效益

对于行业来说，推动传统奶制品标准化、规模化生产。另外，带动当地的一些种养殖户，吸纳大学生等。

9. 未来规划

未来 3 年，预计年销售额达到 3 000 万元、以 3.6 倍的增速增长；创造就业岗位 50 人，间接带动就业 1 000 余人。几千年传承下来的传统乳制品，不仅仅是味道的延续，更是一种文化的延续；但很有可能在我们这一代或下一代流失，因此，我们希望通过自己的微薄之力，来带动整个行业的发展，通过行业发展来保存或传承传统工艺、传统文化。

10. 融资需求

融资500万元出让10%的股权，主要用在传统乳制品工业设计中心建设、企业运营推广、北京的中央仓库及配送团队建设上。

▶ 现场问答

评　　　委： 你们这个商业模式里融合了一些农牧户合作社，是如何保障奶源质量的？

傲特更脑日布： 我们是统一提供农牧户合作社饲养方式，第一是防疫人员和配种人员都是我们公司统一安排，然后通过政策引导，给农牧户建立标准化小型挤奶设备，保证所有牛奶的安全；第二是每批次都要检测原奶，包括三聚氰胺、其他蛋白质检测。通过这两种方式，让所有的农牧户合作社生产的牛奶都是标准化的。

评　　　委： 原奶的传输和配送是怎么做的？

傲特更脑日布： 目前我们是跟两辆奶罐车合作。

评　　　委： 你们2020年营业收入可以说是井喷式增长，增长了10倍，解释一下是什么原因？

傲特更脑日布： 因为我们的生产线是2019年9月开始投入运营的，即2020年都是工业化生产，而之前是以小作坊形式在做。

评　　　委： 目前你们公司有多少人？营销团队有多少人？线上线下的业务主要是以哪个方面为主？主打产品是什么？

傲特更脑日布： 我们公司有15个人，营销团队4个人，目前以线下销售为主，利润的80%是线下的，今年打算在线上做。主打产品是乳清饮料，营业收入占82%左右。

茶以载道——GABATEA 突破十堰高山茶产业发展困局

项目介绍

我叫余盛林,来自武当山下老母荒,是一名"85后"返乡创业大学生,我今天带来的项目是茶以载道。

1. 创业背景

很多人因担心失眠不敢喝茶,我们的核心竞争力是创新技术解决喝茶失眠的问题,助推传统绿茶转型升级。

老母荒是我的家乡,这里有三大特色:一是500多年的野生古茶树,独特的茶树品种富含氨基丁酸,是其他茶叶产区的20倍;二是创新技术真空无氧发酵工艺,有效抑制咖啡因成分;三是老母荒是南水北调的核心水源地，最高海拔1 600多米，有几十万亩原始森林。

清朝末年，我的老太爷就是一位炒茶大师，他曾经将老母荒百年老茶作为贡品送至宫廷享用，祖辈的传承制茶技术被列为非物质文化遗产项目，我是老母荒传承制茶第五代传人。

2. 团队建设

为此我们组建立了"两岸四校"研发团队，有台北大学周仁智教授、中国农业科学院曾建明等专家团队、华中农业大学黄友谊教授。

3. 核心技术

2019年我们成功研发出一种真空无氧茶叶发酵设备获得专利，在真空无氧的环境下，咖啡因成分得到有效抑制，富含GABA氨基丁酸。一升一降（伽马提升，咖啡因下降），饮用后不会导致失眠，解决了很多人因担心失眠不敢喝茶的问题。

4. 企业现状

经过多年的不懈研发，我们已研发出 GABATEA 等六大系列产品，注册 GABATEA 等 9 项商标，制作工艺和加工技术我们已申请了 3 项专利认证，茶叶品质获得中国农业科学院茶叶研究所的高度认可，在全国茶博会荣获金奖；新产品投入市场后茶农采摘周期增加 4 倍，茶园亩产量增加 4 倍。茶农年收入由之前的 5 000 元增加到 15 000 元。

产品进入到 832、淘宝、抖音直播等 5 家电商平台进行销售；线下整合了 23 家茶企合作推广，一起销售，共同实现产业升级。

2021 年合作社被认定为国家级示范农民专业合作社，由我牵头已成立十堰茶产业学院和十堰市张湾区茶产业联合社。

5. 发展规划

未来 5 年，我们预计整合本地 10 万亩茶园推广新模式。预计 2025 年产量增加 200 吨，增加产值 5 000 万元以上。

6. 社会效益

公司现有员工106人，其中大学生5人，已辐射带动6个乡镇12个村，整合了12家合作社8 000亩茶园，带动茶农1 172户。今年已带动采茶务工5 000多人次，发放鲜叶款和采茶工资400余万元，带动1 000多群众增收致富。

在大家的帮助下我村已实现茶产业振兴，今年换届期间，我被当地党员群众满票推选为村支部书记。

一片茶叶撑起美丽的乡村梦想，是父亲的梦，也是我的梦，是乡村振兴的梦，是共同富裕的梦。

▶ **现场问答**

评　委：通过真空无氧发酵技术，在大幅提高氨基酸含量的同时，降低咖啡因含量，这种茶的风味、口味和市面上一般茶叶的区别有多大？你们的竞争优势是要解决5亿人因为担心失眠而不敢喝茶的问题，同时又写到这个产品饮用之后，人的睡眠要增强两倍，那我有一个疑问：它到底是一种助眠产品，还是一种在保持茶的风味的同时不会影响睡眠的产品？

余盛林：它跟平常茶叶的口感还是有一点区别的。我们的宣传口号是"怕失眠就喝我们的GABATEA"，传统的茶是喝了让你兴奋，导致睡不着觉，我们这个茶因为咖啡因抑制的很低，所以喝了不会睡不着觉，同时这个品种富含GABA氨基丁酸，能够达到一种安定、平和的状态，就是睡眠如果不好的话比不喝效果要更好一些，但是它还是一种茶的饮料。

评　委： 目前在国内市场上的竞争产品有哪些？走出海外时，为什么首先突破的是俄罗斯市场？

余盛林： 我们目前在国内是首创。因为俄罗斯的人对我们这个茶的口感更加爱好，他们吃了牛羊肉以后，更加喜欢这种风味，也喜欢这个茶不影响睡眠的功效。

好逸点——10年产业路 10亿泡菜梦

项目介绍

我叫罗芳,今天我给大家带来的项目是好逸点——10年产业路,10亿泡菜梦。

1. 创业经历

腾耀食品是一家专业做泡菜的企业,经过几年的艰苦创业,我们以线上线下双管齐下的销售模式,2020年实现销售收入7 478万元,带动农户蔬菜种植1.5余万亩,户均增收4 560元,公司拥有三大品牌,2项发明专利,3项外观专利以及15项实用新型专利和1项成果鉴定,并获得全国就业扶贫示范基地企业、四川省产业化重点龙头企业、高新技术企业、宜宾市百强民营企业等多项荣誉,以及我个人也获得许多荣誉。当然,有了这些光环我肩上的责任也更重大了。

今天的我，给自己设定了一个双 10 亿工程梦：计划用 10 年的时间带动蔬菜种植产能突破 10 亿元；进园区扩厂房、扩产能，产值突破 10 亿元；助推乡村振兴，把我一个人的事业变成一群人的事业。

以我以往的思路继续干下去，我这个梦是无法实现的，原因在于：第一，以往的销售渠道不能支持 10 亿元的产值。第二，老厂的生产能力已达饱和状态，急需新建厂房扩产扩能。企业要发展，更要稳发展，我决定引入资源型、战略型、资金型的股东，目前我引入了光辉餐饮集团 800 多家的直营店及加盟店，年营业额达 41.75 亿元；仅泡菜火锅底料这一款单品我们一年可以内部消耗 10 141 吨，产值可达 3.25 亿元。加之这几年我结识了一起创业的六月天等多家企业，他们引入了新希望集团和全亿佰上市公司的 3 000 多家连锁餐饮，我们准备建立战略联盟，实行渠道共享。

2. 发展规划

未来，我计划用 3 年时间成功入驻 3 000 个门店，假如 1 个门店 1 天只需要销售 276 元，那么 3 年产值就能新增 3 亿元，3 年产值突破 6 亿元，10 年实现"双 10 亿"工程梦将不再是梦想。

3. 项目优势

我们的新厂生产的"好逸点"牌泡菜和其他同行泡菜的区别和创新点体现了如下5个方面。

第一，我们的种植方式较好。我们的合伙人为有30年有机蔬菜种植经验的专家刘小平老师。首先，我们利用蔬菜环保的酵素分解土壤里原有的农药残留；其次，收集废弃秸秆来改善土壤和增加土壤的肥力；最后，我们把蔬菜选择种植在无污染的山区，这样一来，我们的蔬菜原料就达到了零农残、无污染的标准。这为我们生产绿色无污染的产品，奠定了良好的基础。

第二，我们的生产工艺较好。我们的合伙人为中国微生物发酵专家李明元教授。我们采用低盐龙眼酵素发酵出来的泡菜减少了30%的生产成本，还解决了每年500吨高盐废水污染环境的问题，更保留了泡菜本该有的益生菌和风味。

第三，我们泡菜的品质较好。零农残、无污染的高山蔬菜原料，再加上用低盐龙眼酵素发酵出来的泡菜口感独特，营养丰富，深受消费者喜爱。

第四，我们的销售渠道较好。我们在原有渠道的基础上，又增加了股东的 800 多家店，以及未来即将增加的 3 000 多家餐饮渠道，实现了全渠道销售。

第五，我们的社会效益较好。去年我们 7 000 多万的产值带动了农户种植蔬菜逾 1.5 万亩，那么 10 年后 10 亿元的产值将带动农户种植蔬菜 21 余万亩，带动 7 万农户增收。

10 年产业路，10 亿泡菜梦。路虽远，行则将至，我坚信来自母亲的力量，来自政府的扶持，来自百姓的拥护，定能助推我实现这个梦想。在这里，我感恩政府，感恩时代，感恩一路走来帮助过我的所有人。

▶ 现场问答

评委：你刚才列举的几个创新技术最核心的是哪个？

罗芳：我们的核心技术：第一是利用蔬菜环保酵素，把种子、蔬菜和废弃秸秆做有机粉，以改善土壤及增加土壤肥力，第二是我们的生产工艺改变了传统泡菜的生产工艺，传统泡菜是"一成菜一成盐"，高盐腌制严重破坏了泡菜该有的益生菌和风味，还会产生高盐废水污染环境问题；而我们用低盐龙眼酵素发酵出来的泡菜刚好解决了这些问题，而且营养比普通泡菜的高。

评委：你们的泡菜含盐量比普通市场上的泡菜含盐量低多少？

罗芳：传统的泡菜含盐量是7%～8%，而我们用低盐龙眼酵素发酵的泡菜含盐量一般是4%。

评委：你这个泡菜在实现低盐的前提下，口味跟传统泡菜有什么不同？还同样会得到普通消费者的认可吗？

罗芳：它的整体风味和传统泡菜是一样的，但是它检测出来的维生素B的含量比普通泡菜要高。

评委：近3年你的营业收入增长是比较迅速的，你是用什么样的方式来扩大销售的？

罗芳：我们在传统渠道的基础上，发展线上电商、大流通和商超等渠道，因此近两年线上销售的增长是最迅速的。

黄精茶研制与其生产关键技术的推广应用

项目介绍

我是谭伟中,来自湖南安化芙蓉山茶业,今天我带来的项目是黄精茶。

1. 行业与市场

得坤土之精曰黄精,久服长生。自古以来,黄精是道家辟谷、和尚闭关的养生圣品。中国黄精看湖南,湖南黄精看安化。安化获得了"中国多花黄精之乡"称号、地理保护和地域商标。安化黄精多糖含量高达22%,是其他地区的3倍多。安化黄精种植面积20万亩,被列入"十四五"规划;也是湖南中药材千亿支柱产业。

黄精茶适用于所有中老年人和亚健康人群。根据第七次人口普查,亚健康人群高达1.8亿人。我们大健康产业规模将突破16万亿元,这是一个千亿产业，万亿级市场。而且人们的健康长寿意识在不断增强，市场消费不断升级。安化黄精成就了安化100多位百岁老人。

安化拥有600多万亩山林适合黄精的林下种植，为我们产业发展提供了保障。但自古以来，黄精作坊式生产，加工工艺落后，食用携带不方便，营养成分保留低，没标准，做不大。

2.产品与技术

只有科技创新，行业才有未来。我们自主研发了黄精茶、黄精酒、黄精口服液等产品。黄精茶遇水即化，喝了它会让人睡得香、不起夜、降三高、滋阴壮阳，喝了就见效。

黄精茶是黄精加工史上的首创，它将安化黑茶和安化黄精两大产业融合，经6 000次打浆破壁，纳米过滤去渣，零下70°冷冻干燥，做成了黄精冻干粉；用剩下的渣发酵酿酒，用酒渣做饲料，延伸了产业链，达到了零排放。

我们自主研发了智能化黄精生产线9条，由机械化、智能化上升到无菌车间。拥有发明专利14项，支撑6大技术创新，脱皮脱根、智能九制、

四步集成、破壁提取、纳米过滤、冷冻干燥,有效地去掉草酸,防止霉变及糖化不到位,提高浸出率,方便饮用,保留了营养成分及芳香物质,易于人体吸收。

3. 社会效益

我公司对接 4 900 户黄精种植户,帮助 18 000 人解决了就业问题。20 万亩黄精帮助农民每亩每年增收 2 万元,共计 40 亿元,助力乡村振兴。我们还致力于为人类解决亚健康问题,提供延年益寿服务,促进人类文明的发展。

4. 企业与团队

我公司是国家高新技术企业、标杆龙头企业,我们的产品作为国礼让 100 多个国家元首政要品鉴,连续获 11 届中华茶奥会冠军,自有基地 1.2 万亩,厂房 3 万平方米。

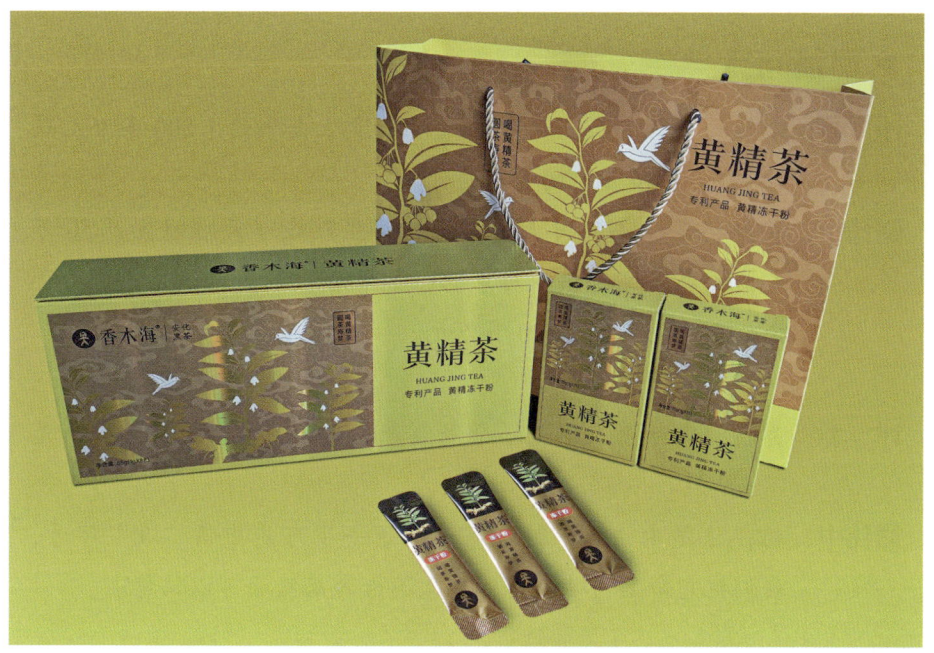

中国科学院院士刘仲华、中医药首席专家曾建国带领其团队,在我公司建立了院士工作站和专家工作站,为我们产品的研发升级提供了保障。我本人和李跃辉、黄江波等在专家的指导下,通过不断的努力,获得了优秀科技工作者、制茶大师、茶叶专家委员会专家称号,拥有50多项发明专利。

我们通过全国2万多家安化黑茶经销商销售,线上通过电商平台销售和直播带货,我和唐艺的粉丝加起来有3 000多万人,经常让产品供不应求。

5. 财务与融资

2019年我们公司的销售额为1 404万元,2020年为1 585万元,2021年达8 056万元。预计2022年销售额达1.5亿,2023年为2亿,2024年为3亿。另外,我们计划投资1亿元,自筹资金7 000万元,对外释放股权10%,融资3 000万元。

> **现场问答**

评　委： 介绍一下你们公司今年的业绩一下从去年的1 500多万元跃升至8 000多万元的原因是什么？

谭伟中： 黄精茶是今年五月上市，黄精茶生产线一天可以生产50万支，现在产品是供不应求的；如果原料多的话，生产能力再强一点，还不止8 000多万元。

评　委： 黄精茶实际上应该是一个保健产品，和茶多少有点差异，是不是？

谭伟中： 对，这是申请的"健"字号，下一步可能申请"准"字号，我们把它命名为黄精茶，在黑茶专卖店里面可以销售。

评　委： 目前线下线上的销售比例是什么情况？做黄精茶在安化那边好像不止你们一家，你们的核心竞争力是什么？

谭伟中： 销售占比线下大概是70%，线上是30%。那我们把它做黄精茶以后，价格由去年的5～6元，今年可以提升到12元，这是我们的市场竞争优势。

海南素言百香果产业之路

项目介绍

我是来自海南的牛晓明,我带来的项目是素言百香果产业之路。

1. 项目背景

百香果是一种热带水果,由于其可以散发出很多水果的香味,所以有"百香果"之称,它也被誉为"果汁之王"。小果子,大能量。百香果不仅香味多,营养也非常丰富,它富含人体所需的17种氨基酸、多种维生素和微量元素,具有非常好的消炎和排毒养颜的效果。

海南素言健康饮品有限公司(简称"素言")专注百香果研发,探索百香果的产业之路。正如素言品牌所诠释,希望百香果能给大家带来素颜之美的自信。我们作为国内唯一一家专做百香果产品的企业,不仅制定了百香果行业的第一标准,且拥有自己的产品专利。目前素言产品所用百香果原浆近20万千克，直接带动种植户种植近3 000亩，促进了至少100户农民的增收。

我们的愿景是成为中国百香果产业的第一品牌，以健康果汁为起点，以深加工及提取为目标，打造百香果高附加值产品，形成海南百香果种、产、研、销的全产业。但在这些环节里，销售最重要，也最困难。

快消饮品是万亿级的市场，但又是一个竞争很激烈的红海市场。

2. 产品定位

素言专注于健康的百香果果汁及系列产品。百香果的热带水果属性造就了地域的独特性，海南具有热带水果的地域优势以及未来自贸港东南亚水果进口的地理优势。

3. 自建基地

素言建立自有百香果种植基地，联合现有区域范围内百香果种植户，初步形成百香果合作社，发展百香果产业，引导更多周边村民加入百香果的种植，在产品源头上形成自己的壁垒。

4. 渠道优势

素言深耕餐饮渠道。百香果酸甜的口感在就餐时既可以开胃解腻，又能补充多种维生素，是餐饮渠道中为数不多的健康果汁饮品。因为具有原材料上的优势，同样的品质，更优惠的价格，素言给消费者带来了真正健康的果汁饮品。

5. 团队优势

素言的团队核心成员都是在快消品和农业领域深耕10年以上的人员。

6. 信任背书

果汁的消费人群以年轻人和小孩为主，但家长对果汁饮料最大的痛点始终是食品安全的问题。我们的宗旨是做健康饮品，致力于解决产品信任问题。素言正在打造产品的溯源，从种植基地到客户手上，每杯果汁的来源过程都是清晰透明的。

基于以上优势，我们预计在未来5年致力于以下三方面的发展。

经济价值方面： 5年我们将实现饮品累计营业收入2亿元，百香果的鲜果、果浆及百香果深加工产品累计达到6亿元的营业收入。

社会效益方面：和农户合作，鲜果销售，尾果兜底，带动农民种植的积极性，实现共同富裕。深度开发百香果的价值，解决当地农民的就业问题，未来5年我们的目标是种植面积达到50 000亩，直接带动2 000户农村家庭实现增收，间接带动3 000户农村家庭增收。

农业信息化方面：在种植端，我们将实现智慧百香果种植，物联网气象站，视频监控、预警等板块，实现海南百香果大数据平台。不让一颗果子烂在地里。

素言在海南将形成百香果的种、产、研、销一体化。我们将借助海南自由贸易岛发展优势，结合国内知名研究团队，在海南建立百香果深加工中心，成为东南亚百香果饮品深加工中心，在百香果提取工艺中深度研究。并且打造百香果一二三业产业相结合的全产业链，助力海南乡村振兴发展。

▶ 现场问答

评　委：你们企业现在的竞争优势是种植、加工还是销售？

牛晓明：目前我们一直在打造渠道的优势，在海南，以海口样板城市为主，截至本月，我们在海口的餐饮门店是1 200家；其他经销商渠道有湖南的常德、湖北的武汉、陕西的西安，这几个城市都是以经销商为主。全国范围内的渠道现在加起来有8 500多家左右。

评　委：8000多家渠道给你们带来多少销售收入？

牛晓明：目前海口餐饮店的销售额是138万元左右。餐饮现在应收是70%的现金收入，30%的账期；按照代销，压一单，付一单。

评　委：你们在种植端跟农户有没有形成利益联结的模式，是什么样的？

牛晓明：原来我们和农户合作是包销，他们产多少，我们收多少。今年我们和农户形成合作社，因为百香果的价格浮动较高一些，我们以最低保障价格来收；如果空间比较大，我们会给合作社分成，每个农户都能享受到整个产业链，即百香果销售这块的利润。

速冻面条定制专家

项目介绍

麦香有源，相伴永远。我是河南南阳麦香源食品有限公司代表孙方方。

有嚼劲儿、中国味儿、纯正麦香、丰富营养。这就是南水麦香源速冻面。

1. 项目背景

6年来，我们专注于速冻面的研发与推广，立志将一碗面做成十足的美味，致力于作速冻面的定制专家。目前已成功建设国内首条日产5万千克的速冻面全自动化生产线，获批国家级高新技术企业，全系产品通过国家食品安全管理体系认证。

资料显示，国外速冻食品已拥有60%的市场占有率，而国内还不足20%，国内速冻食品以每年32%的高增长率，吸引众多商家目光，麦香源速冻面集众家所长，创自家特色。我们相信，速冻面的时代已经到来！

麦香源速冻面非油炸，零添加，专用面粉低温真空和面，经过22道碾压、拉伸、速冻锁鲜的专利技术研制而成。通过对面粉和工艺的调控达到客户想要的韧度和口感。

2. 产品特性

15秒快速出面：客户落座就吃，提升餐饮店翻台率，靠时间赚钱。

专利技术，不粘坨：面块加热后30分钟内不粘坨，充分满足外卖需求，解决了传统面条外卖难的市场痛点，可实现百人以上单位集中供餐。

个性定制与统一供货：麦香源正在做多类型、多功能的好面条，油泼、麻辣、清新爽滑，三大系列100多个单品，努力满足消费者对面的美好想象。同时，我们最新推出FD冻干工艺，将面饼与料理水分控制在3%以下，实现面冻鲜不冻，又快又香浓。

3. 团队建设

我们公司在河南省杰出科技创新特别贡献人物孙新建董事长的带领下，积极联合江南大学、武汉轻工大学，与40年米面行业专家陈国先生、国家科技进步二等奖获得者与国务院政府特殊津贴专家李庆龙教授、学科导师朱科学博士、前思念大中华区营销总监刘德义一起，组建强有力的

产、研、销团队，成功申报速冻面专利技术 63 项，软件著作权 4 项，发明专利 13 项，荣获各类奖证 25 项，建立"一基地两中心"。

成就速冻面定制专家，做最好吃的面。我们在路上！

4. 企业现状

目前我们已在传统餐饮市场、海外贸易、电商平台和"麦香源"连锁餐饮四大板块展开销售布局。东方航空、南方航空等航空公司已稳定使用；南极科学考察船、北京中小学校及北京、上海、广州、深圳等 33 个大中城市餐饮连锁实现配餐；国外市场和电商平台也快速提升。今年 4 月，河南省南阳地区"麦香源"连锁餐饮开始试点建设，到 2022 年底将完成 100 家店面布局建设。

5. 商业模式

好产品，大市场，更需要好的商业模式来助力前行。"大规模定制，小批量配送"。特定客户，专用配方。最小批量 500 件，24 000 个面饼就可以

定制生产。经严格核算，1条生产线50%的产能，即可实现1 800万元的货品毛利润。

6. 发展规划

2015年公司成立，致力首台设备及新品研发。到2020年销售规模达到3 380万元，市场需求大，产品供不应求，产能规模亟待提升。我们希望在未来5年，完成5条生产线建设布局，产值达到5亿元以上。企业在发展，责任也在不断成长，由农户种植到产品流通，我们将充分依托河南小麦主产区，做大做强糯小麦新品产业基地，尽快实现从田间到餐桌的全产业链运营，真正做好农业产业的龙头企业。项目总体投资约52 500万元，本次首轮融资3 000万元，计划用于航空餐专用生产线和配套冻干仓建设。

此刻"麦香源"正虚位以待，诚心邀约，让我们一起见证中国面食行业的新格局。

▶ 现场问答

评　委：这个面如何食用？最适用的消费者是哪类？

孙方方：拿出来用开水煮一下就可以吃了。最适用消费的是餐饮连锁，消费者家庭也有，但是不多。

评　委：从口感上和价格上，它跟方便面相比有哪些优缺点？

孙方方：我们的面的特点是出餐快、煮面不混汤、不沾不坨，而且口感非常筋道。传统面条出餐后2～3分钟就粘连在一起，我们这个面出餐后不粘不坨，而且比手擀面的口感还要好。价格比普通的面要贵将近1倍。

评　委：它能取代方便面吗？

孙方方：可以取代方便面，我们现在推出的新产品FD冻干面，用热水冲泡即可实用，而且可以实现常温保存。

陕北五朵金花茶，开出产业富民花

项目介绍

我是陕西省榆林双水村文化旅游产业有限公司的负责人马香琳，也是革命老区的新农人、绥德郝家桥的女儿。今天我带来的项目是陕北五朵金花茶，开出产业富民花。

1. 项目背景

陕北历史悠久、人杰地灵，孕育了伟大的人物和辉煌的历史，同时也是一块贫瘠的土地。近年来，干旱、洪水等自然灾害频发，越来越多的年轻人离开了家乡，大量闲置的农林资源没有得到充分的利用，这些问题都摆在了我们新农人的面前。因此，我们因地制宜，将这些取之不尽用之不竭的"五朵金花"变废为宝，制成茶，有效解决了乡村剩余劳动力以及药食同源的农林资源的开发利用，以上构成了该项目的初衷。

目前，以大枣为代表的农产品进入百姓生活，但由于种植收益有限，严重影响农户种植积极性。与此同时，后疫情时代保健品需求旺盛，但枣花、蒲公英花、苦菜花、槐花等保健价值没有被充分利用。乡村振兴，产业升级是关键。政府鼓励地方产业振兴模式探索，破解产业发展难题。基于此，我们通过"标准化原料筛选、系统化技术指导、高附加值产品综合开发"模式，丰富花茶产品，探索致富新模式。

2. 核心产品与技术

我们根据《黄帝内经太素》《本草纲目》以及中医长期的实践探索，生产了药食同源的五朵金花茶产品。其中，苦菜花茶可清热解毒、降血压、降血脂，对糖尿病等有很好的预防作用；枣花茶滋润肠胃、宁神镇静、助睡眠；黄芪有"十药九芪"之称，黄芪花茶能补气养血；蒲公英花茶能清热解毒，加快身体内毒素的排出，在新冠肺炎疫情防控方面效果显著；槐花茶具有凉血止血、清肝泻火、防中风等功效。

我们采用微波杀青干燥技术，利用原料自身水分形成蒸汽环境，借助高频微波的震荡作用，保持了花蕾原有的颜色、香味及营养成分。

3. 商业模式

我们的核心产品借助行业展会实现区域代理,并进入国际市场,通过保健特通实现分销或联合。同时通过传统线下超市和线上平台面向终端消费者。由于我们强化了产品的营销渠道建设,由此可带来订单式采购与生产,实现公司前后端一体化。而由此带来的以营销拉动生产的模式更利于政府对产业的推广。

项目以市场需求为出发点,以技术和培训为支撑,规范了种植和采购标准,确保了原料的质量;以多渠道实现了面向企业端和消费端的营销;增加了收入来源,提升了合作社、农户种植的积极性,为他们带来了更多的经济效益,有利于产业振兴的实施。

4. 团队建设

我是公司负责人,工商管理硕士研究生,陕西省三区人才,高级职业农民;自创业以来,经过多年的磨炼,已经搭建起适合公司发展的管理体系。公司目前采用直线职能管理,保证公司的高效率运行。项目核心顾问专家和合作伙伴在技术升级、产品开发、模式化及运营管理方面给公司提供了强力支持。

5. 财务分析

项目实施后,获得了市场的认可,并在过去 3 年销售额突破 1 300 万元,实现利润近 300 万元。经过产品不断优化与市场拓展,未来 3 年销售额预计可突破 2 200 万元,实现利润 760 万元以上。为使项目持续发展,公司拟出让股权 10%,融资 600 万元,用于国际市场渠道拓展、产品迭代及运营管理升级。

6. 社会效益

项目的实施也带来一定的社会效益,目前,我们解决直接就业 26 人,

连同兼职员工共 120 余人。实现年工资性收入 3 万～5 万元。累计组织各类扶贫、技术、现场培训共计 60 余场，累计培训人数达 3 000 余人次。同时，我们积极开展新技术、现场交流活动，引进新模式；关爱老人与留守儿童，组织丰富多样的文体活动等。

7. 发展规划

2016—2021 年，公司从无到有，从小到大，逐年实现了增长。未来 3 年，我们将通过本项目实施，实现年产五朵金花茶 30 吨，实现销售收入 2 200 万元，利润 760 多万元；辐射带动周边乡镇 5 000 户以上农户增加收入，以"企业+示范村"模式带动乡村振兴，发展陕北五朵金花茶产品综合利用，增加农民经济收入，实现产业富民。

我们致力于做中国功能花茶产业综合开发的探索者，利用健康产业传播爱。我爱我的家乡，更爱我的事业。

▶ 现场问答

评　委： 你们公司的产品和经营项目的技术门槛、创新点是什么？

马香琳： 我们的创新技艺：第一是变废为宝，不让每年一茬又一茬的苦菜花、蒲公英花白白浪费。第二是我们产品的功能创新，产品具有养生、休闲、保健的功能。第三是将地方特色文化融入产品的定位中，将陕北的农耕文化与红色文化相结合，我们也方便宣传陕北文化，同时宣传我们的产品。第四是在工艺方面，我们将现代工艺与传统工艺相结合，主要是微波杀青干燥技术。

评　委： 微波杀青技术是你们独有的核心技术吗？

马香琳： 是我们的核心技术，同类基本没有这个技术。我们的产业有四大优势：第一是文化优势，我们的五朵金花将陕北地方文化与农耕文化相结合；第二是品牌优势，以"陕北妹妹"为独立品牌，有自己的logo，体现了善良、重复、智慧的品牌形象；第三是产品优势，苦菜、蒲公英、黄芪花等都是野生的，都没有施农药化肥；第四是政策优势，我们是万企帮万户的双创企业，在税收、产业发展方面都得到政府的大力支持。

乡村制造业

鱼肉食品深加工及产业化

项目介绍

我是霍东明，今天我带来的项目是鱼肉食品加工及产业化。鼎味泰，致力于做更中国的、更营养的、造福每一代国人的鱼肉食品。

1. 行业现状

众所周知，鱼肉的营养价值远高于其他肉类。我国水产资源丰富，是全球第一大鱼肉产出国。

由于鲜鱼的运输不便，拥有千亿级市场的鱼肉调理类食品也应运而生；而我国市场上的高端鱼肉产品，大多从日本和韩国进口，且不符合国人的口味。当前，国内千亿市场，一鱼难求。

2. 解决方案

我们鼎味泰，潜心研发，专注于国人饮食习惯，依照八大传统菜系，打造八大风味，每年推出50多款特色单品。同时，采用数字化分析消费者的口味偏好，做到只做消费者爱吃的好产品，实现产品复购率高达80%以上。

相比业内同行，我们的鱼肉含量更高，蛋白质含量更丰富。同时秉持健康饮食的准则，低盐、低糖、低脂肪。

3. 核心专利

我公司取得了多项食品安全证书，包括国际标准的英国零售协会认证（BRC）、食品安全管理体系认证（HACCP）等，深入贯彻ISO22000食品安全标准。把握质量，让每一个消费者，吃得开心，吃得放心，吃得安心。

行业的绝对领先地位，源自一流的技术，我们每年投入近千万元的研发费用,研发占比是同行业的3倍,已经获得专利成果20余项,形成了有效的技术壁垒。

4. 企业现状

我们经过3年的积累,建设了三大产业园,总占地近300亩,生产设备原值超过3亿元,减少鱼肉加工损耗15%,生产效率提高80%,总产能占全国产能的1/5。

目前我们深度融合线上线下的营销渠道。线上,我们在新电商平台全面发力。线下,与海底捞、三只松鼠、良品铺子等头部品牌深度合作。

我公司利用数据分析能力,赋能300家经销商的发展,同时出资助力经销商在每个城市开设工厂仓,加强品牌曝光。

5. 团队建设

好项目,强团队。公司核心管理团队平均从业经验20年,同时有近20多位博士、硕士因本土鱼肉食品领域的空白奔赴而来,为鼎味泰的蓬勃发展而不懈努力。顾问团队,院士领衔,专家荟萃。

6. 社会效益

扶贫助农，鼎味泰一直在路上。近年来，我们帮扶渔民 3 万余人，通过带动就业、收购产品等方式提升农民收入超过 40%；未来我们将不断迭代升级通过技术帮扶的形式让每一位渔民都过上好日子。

7. 发展规划

目前，我们已与 1 000 多家客户建立销售关系，仅 2020 年就为行业创造出 6 亿元的产值。2020 年，公司销售额达到 2.56 亿元，预计在 2023 年实现销售额突破 30 亿元。鼎味泰，紧扣产学研合作，打造定制培训班，为鱼肉加工行业培养新型技术人才，预计在 2023 年带动就业 2 万人。

未来，我们将不忘初心，做更有营养的，更符合国人口味的鱼肉产品。不断深耕，实现品牌化、规模化、标准化、数字化，做鱼肉食品上市第一股。

鼎味泰，强健国人体质，打造鱼肉产品行业的中国品牌。

▶ 现场问答

评　委：目前这个项目的"护城河"是什么？

霍东明：我们的"护城河"体现在3个方面：第一，参与了冷冻鱼糜制品ISO23855国际标准的建立，让我们具备高端产品的生产力。第二，积极扩大生产产能，现在是3个产业园，预计2023年有5个产业园，保障了我们的生产产能；同时销售产能也在不断提升，我们不断下沉市场，拿出真金白银对经销商进行赋能。第三，我们现在是上市辅导期的第三年，与民生证券、立信会计事务所等深度合作，保障了资金和风险控制方面。

评　委：这个项目是定位高端市场的，这个高端市场在哪儿？你们是怎么做到的？

霍东明：我们是客户思维，定位的是7亿新中产阶级，渠道来自高端的头部食品餐饮行业；同时，我们的经销商已在每个城市精准定位到我们的客户人群；另外，我们的产品鱼肉含量是同行业的3倍，达到70%，有效保障了我们的产品能力。

评　委：现在的生产线是从国外引进的吗？哪一部分是自主研发的？

霍东明：对，有两亿多是国外引进的，有一部分是我们自主研发的，包括搅拌机等。我们和江苏大学、中国科学院自动化研究所等合作做产业园，同时拿到了3个发明专利，本月已经授权。

评　委：在生产优势部分，材料当中只提到江苏有优质的劳动力资源优势，你有没有其他补充的？

霍东明：江苏有很好的劳动力，很多人在国外打过工，可以保障我们生产方面的人力资源，我本人也是回乡创业。我们现在也在积极地在江西、湖北等地考察。

海产品高值化精深加工技术研发与产业化

项目介绍

我是包卫洋,我汇报的项目是海产品高值化精深加工技术研发与产业化。我们的口号是"一群海洋博士,托举蓝色梦想"。

1. 市场痛点

海鲜是非常美味的,鱼、对虾、螃蟹、海参等给我们提供了丰富的营养,也刺激着我们的味蕾,所以,我们把占地球70%面积的大海称作"蓝色粮仓"。

但是海产品加工过程中,低值水产品占40%,且产生了50%的副产物。整个行业存在着加工技术粗放,产品同质化、低值化,污染比较严重的痛点。

2. 市场前景

市场的规模决定了公司发展的天花板。统计数据显示,不管是海洋功能性食品、蛋白质产业的消费升级,还是特医或多肽类药品行业,都是千亿级的市场，前景非常广阔。

3. 团队建设

我本人在这个领域深耕了 20 多年，也获得了多项市级、省部级科技方面的奖项，能够很好地把控行业发展的动态与技术研发的核心，从而保证公司在研发的道路上高效、精准。同时，我们公司也部分依托高校开展了实质性产学研合作，其中，国家杰出青年谭明乾教授是我们公司的首席科学家。

4. 企业现状

在行业、市场评估的基础上，我们成立了大连深蓝肽科技研发有限公司，我们的项目致力于开发海产品精深加工技术，通过产业化让白菜价变成黄金价。6 年多来，我们公司纳税超过了 300 万元，我们也沉淀积累了很多的荣誉与资质，包括省部级、行业级、市级的奖项，省级的联合创新中心、FDA 认证等。省、市领导也曾多次到公司视察、指导，给予我们很

多关爱与鼓励。

5. 核心技术

技术是我们的核心竞争力，在该领域我们是国内第一。除了专利，我们在国家级出版社海洋出版社出版了专著，也是行业内第一部。七年磨一剑，我们整个技术体系"高活性海洋低聚肽的靶向酶解与精制关键技术研究"被评定为国际先进水平，从多个方面解决了整个产业的痛点。

6. 社会效益

在产业化的过程中，我们也实现了每年减排300吨废弃物的社会效益；同时与4家国家农业龙头企业合作，带动农户超过1.6万户。

7. 商业模式

在发展过程中，我们一直高度重视我们能够给客户（用户）带来什么样的价值,他们的价值体现也就是我们的盈利模式。目前,我们主要针对企业端客户,包括:一是原料的输出,帮助客户实现4个方面的价值;二是渠道的个性化产品定制;这两个板块目前占公司销售规模的90%。另外,也有终端产品的代理,其中,辽参纳米肽产品也被评为"大连礼物"。原料端分两个梯队,利用国际先进的第三代技术作为支撑。主要合作客户包括北京同仁堂、汤臣倍健、国药集团等,去年给北京同仁堂输出原料超过1吨。ODM个性化定制包括给上市公司九芝堂定制产品,接近10万盒。我们目前已经与3家上市公司、1家央企合作,将继续深度打造我们"专精特新"的"技术+服务"的属性。

8. 融资计划

我们计划融资1 000万元,释放5%的股权,主要用来打造省级技术创新中心与研发方面的投入,以及营销的进一步扩展。从明年开始3年内实现爆发式的增长,于2025年实现北京证券交易所上市的目标,并实现资本的退出。

▶ 现场问答

评　委:其实你们是一家技术型公司,有100多项专利技术,那么我想了解在技术人员占比和技术占优势的情况下,如何去市场化?

包卫洋:我们目前跟3家上市公司包括北京同仁堂、汤臣倍健和九芝堂在合作,同时跟央企国药集团合作,由于这是新的领域,前几年不太理想,今年我们比去年实现了倍增。

评　委:目前成本构成主要分哪几个,占比各是多少?

包卫洋:我们原料的成本在30%~40%,人员的成本目前在25%左右,整个毛利润的空间是在45%左右。

评　　委：你们产品的核心竞争力是什么？

包卫洋：我们有一套技术体系被评定为国际先进水平，解决了行业的三大痛点，这是别的企业是做不到的。

评　　委：产品目前面向的是企业端，还是消费端？目前的客户规模是什么样的？

包卫洋：我们面向的客户主要是企业端。我们去年给北京同仁堂的原料供应超过1吨多，同时给汤臣倍健和国药集团提供的是预混料的产品；另外，一站式定制ODM端给九芝堂提供10万多盒。

评　　委：目前你们在国内的潜在市场有多大？

包卫洋：整个市场其实是数千亿级的，前段时间我们做了整个产业调研，调研发现，目前潜在市场规模是20亿元左右，我们自己占10%左右的规模。

雅稞牦牛奶冰淇淋产品开发建设

项目介绍

我是来自青海的多吉才让,今天我的参赛项目是雅稞牦牛奶冰激淋产品的开发建设。

1. 项目背景

宏观层面上,青海是"中华水塔",三江源头,生态大省,也是我国绿色有机农畜产品输出地。全世界牦牛近 1 600 多万头,其中有 1 500 多万头在中国藏区,1 500 多万头中有 90% 在青海省。因此,青海被誉为"世界牦牛之都"。

关于牦牛产业,青海省人民政府做出两大举措:一是重点提出打造牦牛之都品牌;二是"青海牦牛"公用品牌发布会在人民大会堂举行。

我们当下的使命是农牧民从农村走向城市,游牧文明与现代城市文明的碰撞。我作为一名土生土长的牧区孩子，我一直在思考能为家乡能做点什么或者新时代的牧民怎样去传承与发展我们的畜牧业。因此，我于2018年7月开始组建项目团队，并在中国青海结构调整投资贸易洽谈会期间与泽库县签订战略合作协议。

我们的发展战略是让青海有机生态大品牌走向全国，产品开发思路是开发市场空白，开辟蓝海战略，对标高端品牌，有机品牌升级。经过市场调研与分析，最终立足牦牛产业发展确定"牦牛奶冰淇淋"。选择牦牛奶冰淇淋的主要原因如下。

（1）它是传统牦牛乳制品的一个突破口，更容易被消费者接受。

（2）比起传统牦牛乳制品，它的附加值极高，这也是我们的发展核心。

（3）做纯牦牛奶冰淇淋，我们算是这个细分领域里第一个"吃螃蟹的人"。

2. 冰淇淋工艺介绍

据市场调研，目前全世界比较公认的冰淇淋工艺是意大利的吉拉多，因为它比较健康，我们也有幸跟意大利冰激淋大师 Luigi Graziosi 合作。

雅稞在泽库与10多家牧民合作社建立了战略合作关系，实实在在地实行"公司＋合作社＋牧户"和股份合作的可持续发展模式，在泽库县，雅稞是唯一一家让牧民合作社入股的企业。

牦牛完全是原生态放养状态，牦牛液态奶的各项指标高于普通液态奶，因此，可以证明牦牛奶的营养价值极高。

3. 品牌解读

"Yak"是牦牛的意思，它是从藏文"གཡག"音译过来的，我们取这样国际化的品牌名，不仅传播成本低，速度也更快。我们设计的时候将Yak中的字母A改成三座小雪山，这代表着：①泽库县的地理位置属于三江源国家自然保护区的核心区，因此，三座雪山代表三江源头；②牦牛本身生活在喜马拉雅山脉，因此，它代表牦牛的故乡雪域高原；③数字3在藏文化里是一个非常吉祥的数字，并代表"过去，现在，未来"。

"Yanglama"在藏语里是对牦牛的尊称，意思是所有荣华富贵、慈悲、吉祥等的给予者。因此，藏族同胞看见这个词的时候很有敬畏感，这也体现了牦牛在藏文化里的地位与角色。

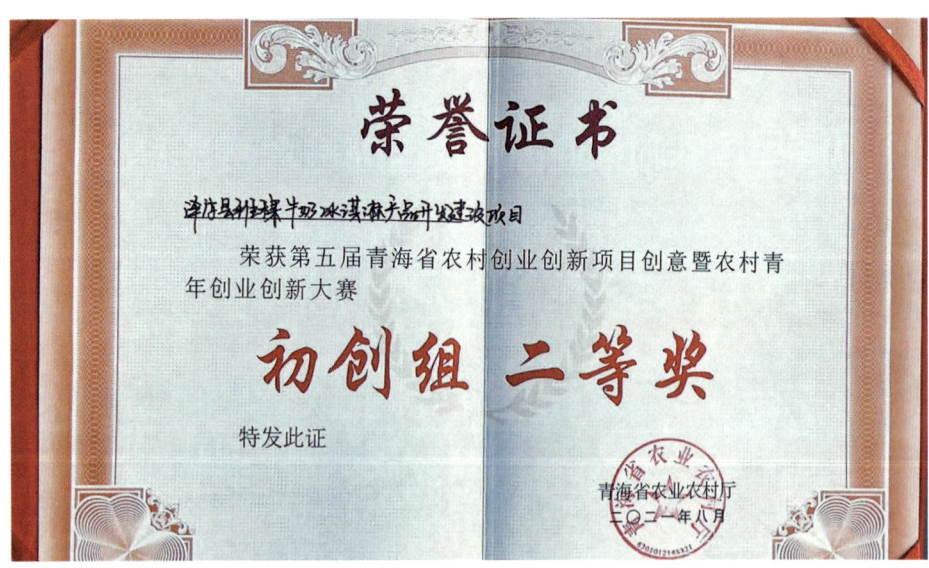

产品礼盒上体现的是牦牛文化,即牦牛在藏族人民的生活里扮演着什么样的角色。牦牛奶冰淇淋有5种口味,其中黑青稞和蕨麻是我们青藏高原的独有物种,绿色健康,营养价值极高,口味独特。

为了满足消费者的不同需求,我们保持牦牛奶独特口味的同时,丰富了冰淇淋的不同口味,比如2021年新研发的4种玫瑰冰激凌。

4. 社会效益

项目运营期间,实现利润平均值为1 875万元/年,税金450万元/年。带动合作社牧户486户、2 768人,贫困户165户、507人。

5. 发展规划

当前,年产500吨牦牛奶冰淇淋,占地面积40亩。泽库有机生态牦牛乳制品研发中心1个;建设全自动牦牛奶冰淇淋生产线1条,牦牛乳清生产线1条,计划在北京成立全国营销中心;建设一线城市品牌旗舰店

10家；建设并入住豪华酒店以及大型商城专柜1 000个。

6. 融资需求

项目融资1 500万元，计划出让15%股份，融资资金用于品牌营销。

▶ 现场问答

评　　委：牦牛冰淇凌产品的目标人群是什么？
多吉才让：我们的客户定位是追求健康饮食的年轻消费群体。

评　　委：牦牛冰激凌的市场规模有多大？将来的市场规模能够占到多少？
多吉才让：我们的年产是500吨左右。

评　　委：这个项目的创新性表现在哪些方面？
多吉才让：相比传统的乳制品，第一个创新是冰淇凌，之前是没人做的。第二个创新是冰淇淋的工艺，比如硬冰激凌、软冰激凌，我们研究的是意大利吉拉多的工艺，因为吉拉特是目前大家公认的比较健康的工艺。

评　　委：跟普通冰淇凌的差别在哪里？
多吉才让：第一是原料的差别，我们是百分之百的牦牛奶。第二是我们的工艺为意大利的吉拉多工艺。第三是青藏高原独有的青稞、蕨麻等。

评　　委：与其他普通冰淇淋相比，你们的产品对消费者有什么好处？
多吉才让：普通冰淇淋吃起来让人容易发胖，我们用吉拉多工艺，并且用黑青稞和蕨麻材料，比较健康，吃了不容易发胖。

评　　　委：你们近几年发展的障碍在哪里？

多吉才让：我们在西宁做了一个市场测试，现在最大的困难是在品牌战略方面我们缺乏专业的人才。

评　　　委：对牧民的带动方面，你们能做到哪些？

多吉才让：第一，我们目前是泽库县唯一一家让牧民合作社入股的企业；第二，从今年开始，我们与5家合作社直接签协议，收购他们的蕨麻等产品。

发明"树葆"创业，助力乡村振兴

项目介绍

我是赵树海，今天我带来的项目是发明"树葆"创业，助力乡村振兴。

1. 项目背景

干旱地区农业收入低，植物遭遇严重干旱会大面积死亡，无法种植经济林木。干旱地区大量采用滴灌技术，造成地下水位下降；另外，滴灌需要架线、打井、铺管道、浇水用电、管道维护等，成本非常大。滴灌的水蒸发后盐碱会留下，最终变成盐碱地。

为了解决上述问题，我发明了"植物葆青罐"，简称"树葆"，2017年获得专利并形成产品。"树葆"包括蓄水桶、网罩、漏斗、过滤网、指示杆、浮子、逆止阀等。使用方法是将"树葆"埋在植物的根部，连接塑料布收集雨水。

2. 项目创新点

收集的雨水干旱时期透过"树葆"的网罩蒸发到土壤，保持土壤墒情，维持植物存活；无效降雨有效利用，促进植物生长；气体也送入了植物根部，抗旱又防涝。蓄水桶注满水后可以保持 2～5 个月蒸发时间。

"树葆"内有逆止阀，收集的水不会浪费。节水，节肥，增产节资，一次安装，常年使用，大幅度降低了农业用水投入。

试验效果是：用"树葆"的桃树叶子绿、果子大，长势旺。核桃树用"树葆"花开满枝，结果率高，用"树葆"的核桃树与未用"树葆"的两年后形成了明显对比，上千亩核桃树用"树葆"产量大增。精准扶贫，上百亩花椒树用"树葆"产量翻番。大棚冬枣用"电加热式树葆"，地温高，长速快，产量高，上市早。干旱地区用"树葆"种西瓜的新模式，精准扶贫"树葆西瓜"喜获丰收，空运北京。"树葆"在库布齐沙漠、乌兰布和沙漠、新疆戈壁滩试验也获得成功。

3. 技术实力

"树葆"已转化为不同用途的系列产品,已获得美国、加拿大、澳大利亚、俄罗斯专利权,具有国际领先水平。产品出口澳大利亚、加拿大。

4. 团队核心

我本人是高级工程师,退休后发明"树葆"创业,曾以发明达人的身份登上《今日中国》杂志封面,被全国科技报聘为乡村振兴科技带头人,运城市委联系服务的专家,山西省创新达人标兵。联合国粮食与农业组织的官员了解"树葆"后也给予了高度评价。博茨瓦纳、赞比亚大使将"树葆"带回了他们国家。

5. 项目发展

2020年公司销售额为41万元,今年的销售额目前已超过100万元,明年的订单也已经超过500万元,总体呈爆发式增长。

"树葆"获中国杨凌农业高新科技成果博览会"后稷特别奖"

乡村制造业 ◀

6. 商业模式

公司形成了"树葆"销售、乡村振兴创收、有机水果生产等商业模式；为拓展国际市场，开展服务贸易打好了基础。

"树葆"已走出国门在非洲展出，放眼全球参加中国国际服务贸易交易会，即将到美国参展。

7. 投资价值

"树葆"获国际专利，知识产权估值上亿元，公司进行股权融资，出让 10% 股份，融资 1 000 万元，主要用于"树葆"的推广宣传、试验示范、扩大生产、拓展国际市场，向上市公司迈进。

8. 绿色可持续发展

"树葆"是绿色、可持续发展的理想产品，原来不具备植物生长条件的地方用"树葆"可以成活。

巴旦木种植用"树葆",全程不浇水,绿化荒山,增加农业收入。

黄河流域生态治理用"树葆",发展有机旱作农业形成典范。

9. 社会效益

"树葆"在前3年的脱贫攻坚战中发挥了作用,增加农民收入100万元,并向上万名农民传授了"树葆"技术。"树葆"为广袤的干旱地区带来了生机和希望,让荒山变金山,沙漠变良田;保护地下水,江河水连绵;可减少化肥使用,防止土壤盐碱化,是改善生态环境、促进农业发展的革命性发明。

"树葆"获中国杨凌农业高新科技成果博览会最高奖,为乡村振兴贡献力量。

▶现场问答

评　委: 创新产品首要的应用场景是什么地方?使用者使用你这个产品的成本是多少?使用的年限又是多长?如何来衡量产品给使用者带来的征收状况?从这几年的财务状况看,一直没有突破,发展的障碍在哪里?

赵树海: 我的这个产品主要应用在果蔬助长、荒山造林、沙漠治理等领域。它主要的增收点是有效利用了无效降雨,它让水保存起来,做到一滴水都不浪费,这样水对植物的助长作用将使植物果实变大,产量增加,从而增加农民的收入。另外,发展慢的原因是由于投入资金缺乏,如果资金充足的话,可以发展快点。

评　　委：产品有需要改进的计划和方案吗？是否有迭代的产品？迭代的方向是在哪里？

赵树海：需要改进的是增加生产量，现在的生产量还是很低，所以成本比较高，如果扩大生产，成本则会大幅降低。

评　　委：成本现在是多少？

赵树海：我们有不同系列的产品，成本由几元到几十元不等。

忌避剂生物防控系统

项目介绍

我是刘莹,在日本工作15年,我亲身经历了日本在食品安全领域的先进技术,带给我强烈的震撼;但我国食品安全令人担忧,民以食为天,食以安为先。带着强烈的责任感和使命感,为了中国10多亿老百姓舌尖上的安全和安心,我引进了忌避剂生物防控系统。

1. 创业背景

忌避剂生物防控系统是根据病虫害的生物学特点,直接抑制植物病原菌生长,激活植物主动免疫系统,抑制病原菌形成,同时对害虫具有优良的忌避效果。此产品90%是从食材中提取,既可实现食品原料再利用,也保证了驱虫过程有机安全;同时还可以起到减农药减化肥的作用;避免污染环境危害我们的健康,真正把我们的绿水青山变成金山银山,有了忌避剂老百姓对自己的健康更有了选择权。

15年来,通过与三菱、住有、兼松等十大商社的合作,我们积累了大量的实地经验,并且我独立研发了备受日本市场好评的菌体蛋白肥料。

2011年我不仅带回了整套忌避剂技术系统，还带回了日本专家为我们的产品不断的升级、开发、换代，为中国老百姓的食品安全保驾护航，其中奥村刚是忌避剂领域的知名应用专家，前泽俊之是生物学博士后，北见博是日本农业研究机构专家，我们是一群志同道合的伙伴，都一心想要改变全民的健康状况。

人的健康是吃出来的，没有安全营养的食物就不会有健康的体魄。看到现在高发的癌症病例、不孕不育患者，以及因食品安全带来的儿童成长隐患，我们心急如焚。我创业的使命和初衷就是让所有的家庭都能吃得放心，吃得安心，吃得开心。

2. 核心技术

2015年起我们的产品先后获得了北京认监委的有机认证、绿色认证及专利等资质。目前公司拥有自主商标28个，著作版权6个；并且获得了国内的各种奖项。政府及领导也给予我个人包括人大代表在内的各种荣

誉。2019年6月18日中国农业科学院20位专家一致通过推荐水木田园申请国家重大核心技术项目。

3. 产品优势

第一，最受欢迎产品——植物维生素，给予植物营养的同时，赶走植物周围的病虫害，治疗效果显著，深受菜农欢迎。

第二，最受关注产品——植物保护衣，像动物世界里的狮子老虎排尿证明领地一样，生物也有占位性，用生物占地盘的方式预防和治疗了导致我们农户弃地迁徙的斑萎病毒。

第三，我们神奇的电肥福田，想避免徒长，提高产量和品质，一定要用它。

第四，我们给植物钙的吸收系统配置的"奔驰"——老年人儿童直接吸收型拘溶钙，在果蔬中提高3～5倍。

第五，我们的生土改良时间由2～3个月替代原有的2～3年，为农业快速收益奠定了基础。

4. 项目前景

回国后我进行了大量的试验和产品开发，目前已经进入市场推广应用阶段。根据中国耕地面积测算，如果有 40% 的耕地使用忌避剂生物防控，市场规模将达到万亿级别。我们公司的产品解决了目前食品安全方面存在的痛点、难点问题；以中药材种植为例，存在重金属超标、农药残留高、药效成分不足等问题，这时我们公司的产品就派上了用场，通过国药集团每年收购中药材，仅这一项，我们公司的产值就能达几亿元。

5. 融资需求

公司目前正在扩大技术使用范围，计划释放 10% 股份，融资 1 000万，用于团队建设、品牌建设和种植基地建设。希望有志同道合的朋友能加入我们，一起努力改变我们的食品安全问题，改善中国的土壤环境，真正践行绿水青山就是金山银山。

6. 社会效益

我们在创业的过程中，积极响应政府乡村振兴的号召，在我们公司的带领下，已经有几百户农民收入翻了番，看到他们笑逐颜开的面容，我觉得我做的一切都很值。

7. 商业模式

我公司的商业模式很简单"产品＋解决方案"，通过不同病虫害的防治特点我们给用户提供不同的解决方案和产品。目前我们的客户络绎不绝，就在这两天的分享过程中，已经有广西柑橘、黄山茶叶等不同公司与我联系合作，我相信大家都有一颗质量安全的心，只是还没有发现有这样一种不伤土壤、不伤作物的有效产品和技术。希望我可以帮到大家。

▶现场问答

评委：您这个技术主要是和日本早稻田大学合作的，那这个技术专利所有权是谁的？你们是如何合作的？

刘莹：这个技术是在20年前由我本人出资进行的研制和开发，虽然产品在国外已经有了三五十年的历史，但是还不够完整，所以我本人在日本出资形成了我们现在的整个技术系统，专利的所有权和使用权全部归我们自己。

评委：为什么这个业务年收入不到100万的项目估值是2亿元，是用什么样的评估体系来估值的？

刘莹：在收入上我们是稳定的，但是明年在中药产业上就可以创造每个单品2亿～4亿元的产值，所以我们对于公司的保守估值设定在2亿左右。

评委： 2018—2020年，你们这个项目的净利润比较稳定，都是在20%左右，为什么2021年的净利润降下去了，但是业务收入几乎接近翻番？

刘莹： 因为2020年发生的新冠肺炎疫情，所以我们在降低利润的前提下，让更多老百姓能够享受到我们的产品，虽然销售额上升了，但净利润并没有上升很多，主要是从国民受益的角度来考虑的。

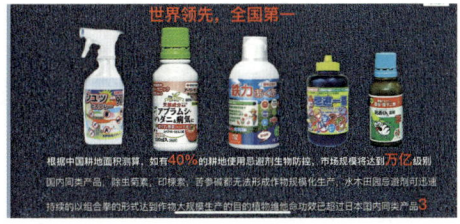

乡村信息产业

一站式海洋（渔业）服务平台

项目介绍

我是宁波海上鲜信息技术股份有限公司（以下简称"海上鲜"）的运营总监——石宝荣，我汇报的项目是一站式海洋渔业服务平台。

1. 企业介绍

海上鲜成立于2015年2月，目前是国内最大的基于"卫星+互联网+渔业"的一站式数字渔业服务商。公司致力用产业互联网方式赋能传统海洋渔业，推动渔业供给侧改革，为渔民增收，为水产企业减负。

2. 团队建设

公司创始人叶宁先生是国家重点计划专家、全国农村青年致富带头人、中国渔业协会副会长、智慧渔业分会会长、浙江省优秀共产党员，长期奋斗在乡村振兴第一线。我本人是华棉网创始团队之一，曾任卓尔云仓总经理；同时公司还汇集了来自德国、美国及国内各行业的精英人才。

3. 项目情况

我们的核心首先是通过在渔船上安装自主开发的海上通讯终端，让渔民通过"海上鲜"的 APP 可以跟岸上进行聊天并且发布鱼货捕捞信息，让岸上的采购商知道明天，比如象山港会到什么鱼货，进行在线交易；同时，在下游的销售过程中提供数字监管仓的共享冷库服务，通过电子围栏、电子标签等技术手段，为日后的仓单质押打造了基础。

其次，我们为银行保险机构提供实时共享仓库数据，让渔民和贸易商可以通过海上鲜平台向银行申请质押贷款，目前已打通类似建设银行等多家金融机构，累计授信 10 个亿。

另外，我们根据平台上海量的渔船，联合上游炼油企业，提供给渔船不回港在海上直接加油的智慧加油服务，渔船可以在线下单并且通过海上鲜给他运到指定的加油区域。2020 年我们在浙江省完成了 10 万吨，每次加油能够给渔民间接节省 2 万元。

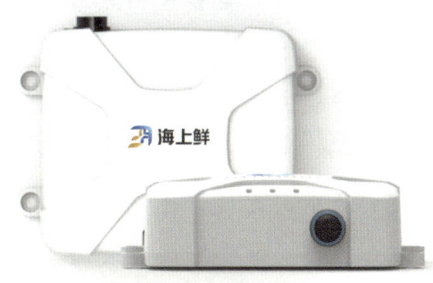
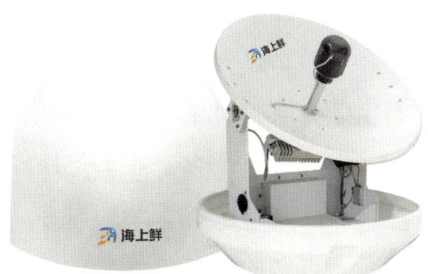

因此，我们通过给渔船提供海上通讯，帮他们在线买卖鱼货，以及下游的供应链、仓储等服务；再结合海上加油服务构成了我们一站式海洋（渔业）服务平台的4个核心业务，这个模式在全国得到了广泛的应用；在浙江省的对口帮扶吉林省，这样的模式也得到了广泛的认可，多次被学习强国、新华社报道，并且纳入了国务院扶贫办携手奔小康典型案例。

4. 经营状况

目前我们在全国有41个服务站点，覆盖渔船4万余艘，为渔民直接或间接增收15%；2020年我们的营收在5个亿元左右，交易额45亿元，并且有3 000多万的净利润；预计今年要完成60个服务站点的覆盖，并且实现明年上市，成为中国蓝色海洋经济第一股。

我们的使命是："让天下没有难做的海鲜生意"，冲着这个使命我们会风雨兼程。

▶ 现场问答

评　委： 你们的系统怎么解决海上通讯问题的？

石宝荣： 我们第一代是基于北斗卫星，第二代是基于 ku/ka 高通量卫星，海上 WiFi 全部是卫星所得。

评　委： 你们现在主要的盈利和商业模式是什么？主要盈利点各占什么比例？

石宝荣： 我们目前的盈利模式是 4 个：第一是海上流量，第二是海鲜交易平台，第三是目前提供的共享冷库以及供应链金融服务，第四是海上加油服务。随着我们的公司发展，已经逐步从最初的收取流量费向海鲜交易平台、供应链金融服务及海上加油转移；目前盈利点平台占 30% 左右，供应链金融占 30% 左右，海上加油占 35% 左右，流量则占了很小的比例。

评　委： 你们怎么带动渔民致富？

石宝荣： 我们直接或间接可以为渔民增收 15%，具体增收渠道有 4 个：第一通海鲜交易平台让渔民直接与贸易商产生交易，原先的鱼小二、鱼贩子等交易环节大大减少，让渔民有定价权，实现增收；第二通过共享冷库能够给渔民和贸易商 10% 左右的仓储费；第三由于捕鱼有禁渔期，我们在提供海上加油的同时可以增加有效捕捞时间，也是变相地让渔民增收。我们目前覆盖全国 41 000 条渔船，理论上"一条渔船就是一个船老大"。

"一棵菜"成就"三产融合"

项目介绍

我叫王印,是上海太来果蔬专业合作社的理事长,也是上海润晨农业发展有限公司总经理。今天我带来的项目是:"一棵菜"成就"三产融合"。

1. 企业现状

我公司在上海拥有蔬菜基地700余亩,"净菜""预制食品"工厂5 000平方米,公司秉承"依托一产种植业、发展二产加工包装业、做大做强三产服务业,用二、三产取得的经济效益反哺一产,用农业互联网引领产业创新发展"的理念经过多年努力形成了"蔬菜种植、分拣加工、冷链物流、市场营销、售后服务"完整的全产业链企业。2018年蔬菜基地成功通过市级标准园、市级示范社认定,2020年销售额突破1.75亿元,2021年润晨农业被评为上海市农业龙头企业。

我本人在少年时期入伍,退伍后荣获"最美军人"称号,曾经从事过近10年的管理工作。现在,我既是太来果蔬、润晨公司的当家人,也是上海市青浦区夏阳街道乡村产业协会的会长。最近荣幸被评为上海市青浦区第六届政协委员,最重要的是我是第五批全国农村创业创新优秀带头人,对于创新创业颇有心得。

2. 产业布局

一产种植业: 我们以种植本土绿叶菜为主,注重品牌化建设,单品种植易于规模化量产。目前所种植的3个品类"大叶蓬蒿、米苋、菜心"均通过了国家绿色食品认证。农事操作全过程采用机械化、智能化,公司率先带头示范并推广农业物联网应用,实现农业智能化管理。

二产净菜、预制品菜: 我们采用"田头车间"保证田间蔬菜即时加工,确保蔬菜最佳新鲜度。

三产配送服务业：采用物流田头直配的优势，保证绿叶菜最佳新鲜度、食材可靠度；自有冷链车辆35辆，充分保证蔬菜24小时从田头到达餐桌；大型田头冷链仓储，充分保证菜品质量、营养成分；用三大可追溯系统，全方位保证食品安全可追溯，实现"种植过程、食材流通环节、物流全过程"全面监控，保障食品安全；如：应用神农口袋系统，旋耕到采收全程记录；应用蔬东坡系统，进行食材流通环节全记录；应用GPS+N，物流全过程记录可追溯。

3. 销售渠道

一产销售，主要以电商为主：长年与盒马鲜生、叮咚等大型电商平台合作；惠农直销，响应商委惠农项目，田头直销，爱心菜市；精品定制，礼品菜定制。

二产销售渠道，以品牌餐饮企业为主：长年服务于品牌连锁餐饮公司、生鲜电商，如海底捞、拿渡、盒马鲜生、胖哥俩等大客户。

三产以企事业单位为主：主要服务于政府、学校、部队、航空、监狱、医院等，共计65家企事业单位。

公司2020年销售额突破1.75亿元，其中，毛菜销售2 000万元，净菜、预制菜加工突破8 000万元；2021年仅仅半年时间，净菜、预制菜加工销售额突破8 300万元，且保持高速增长态势。

4. 财务分析

近3年来，公司销售额从2018年的7 400多万元到2020年突破1.75亿元，销售额得到质的提升。

5. 融资计划

融资1 170万元，主要用于技术引进、人才引进、冷链仓储建设、技术创新。

6. 社会效益

公司在取得较好经济效益的同时，取得了较好的社会效益。吸纳大学生就业80余人，且逐年增加；退役军人创业就业，带动退役军人再出发；社会捐赠近百万元，增强企业社会责任；每日保障上海约15万人口绿叶菜供给；公司与百余户农户签订合作协议，为周边农户提供就业岗位，带动周边农户增收，提升农户幸福指数，被农民日报、解放日报、上海三农、上观新闻、青浦农联等媒体广泛报道。

"一棵菜"成就"三产融合"，"一张网"助推"智慧农业"！

▶ **现场问答**

评委： 青浦和嘉定的700余亩基地是农民的地吗？还是属于太来果蔬合作社？

王印： 基地是农户通过村集体和街道农业服务中心流转给我们公司的。

评委： 如何做到以产品附加值提升带来农民收入增加的，增加情况如何？

王印： 农民目前有两部分收入：第一是土地流转费，公司补给农民的费用是1600元/亩，比正常种植要高；第二是富余劳动力到我们公司的工厂做工人，工人管吃管住的，目前每月收入能达到6000元。

评委： 你们除了给盒马鲜生、叮咚买菜配送之外，也给上海的大型企事业单位提供配送服务，现有的30辆冷链车是如何在货车不能享受很多的通行政策下实现配送的？

王印： 我们根据每家的要求，从凌晨开始配送，10:00前全部配送完毕，因此基本上是在夜间配送的。

蛋是不同——堆草堆农业打造全网第一的蛋品绿色数字化平台

项目介绍

我是堆草堆农业创始人戴文祥，今天我为大家分享堆草堆农业的一枚鸡蛋的创业故事。

1. 企业现状

堆草堆农业不盲目追求国外科技，深耕供应链安全标准化，打造没有抗生素（以下简称"无抗"）放心的土鸡蛋，成为堆草堆农业的发力点。2020年中国鸡蛋销售额为5 000亿元，中国市场最需要的是老百姓能消费得起的安全放心的土鸡蛋，这成为堆草堆人的基础认知。截至2021年京东"618"活动，自2019年上线的鸡蛋电商平台整体营收突破8亿元，8亿枚可以绕地球一圈。

7年时间，我们发展"公司＋农户＋合作社"的模式，目前加盟养殖户2 200户，带动就业4 000多人；依托安徽农业大学、安徽省禽产业研究院，我们开发了无抗土鸡蛋。

2. 产业发展

每一枚鸡蛋都经过两段清洗、三段烘干、紫外线灭菌、保护膜雾化喷涂、全自动光检、称重、喷码，实现全程可追溯。第一阶段，主要发展生态绿色养殖；第二阶段，我们打通商超餐饮渠道，开设自营门店1 700多家；第三阶段，新冠肺炎疫情来袭，我们危机突围，开启疫情电商，成为行业第一鸡蛋电商。下一步，我们致力于打造安全高效的蛋品数字平台。

为什么电商平台和消费者选择了堆草堆，我想离不开五大原因：稳定的土鸡蛋供货能力、电商不怕爆单、标准化的蛋品管理能力、强大的仓库管理队伍，以此应对各种电商节日。自动化的电商打包线，日均峰值发单超过8万单，每天能发出近百万枚鸡蛋。蛋品安全有保障，消费者复购惊人，完善的蛋品监测和溯源能力，让我们有近99%的好评。堆草堆现有员工574人，在宣城、西安、长沙、郑州布局蛋品云仓，京东有5款鸡蛋产品评价破百万量级，已成为多多买菜，美团优选区域内的最大供应商。

3. 竞争优势

堆草堆得以成长有两大法宝，分别如下。

一是坚实的蛋品安全技术体系。我们是无抗蛋品安全生产标准制定者,团队参与蛋品研发专利 32 项,其中,发明专利 19 项,参与制定国家和行业标准 7 项。我们引进丹麦 Scope 开发的世界领先的蛋品无损数字化检测设备,率先实现了蛋品的百万级别的安全检测应用。我们开发了融合安全蛋品供应链数字管理平台。团队参与的国家蛋品安全应用课题获得了吴常信院士等一致验收通过。

二是复合型的蛋品管理团队体系。我们有数十年蛋品批发经验的销售老将,也有经验丰富的电商运营人才;公司现有高级电子商务师近 260 人,更有行业顶尖的专家团队加入。我们的团队聚焦蛋品安全,获得安徽省科技进步一等奖,团队开发的蛋品安全生产检测技术经江苏省科技查新评价为国内首创,蛋品无损快速检测技术水平达到国际先进水平。

基于此,我们已建成日均百万级的鸡蛋分拣能力和无抗蛋品供应平台,公司在全国各地建设蛋品产业园,分仓供应蛋品。目前已建设全国蛋仓 6 家,覆盖 1 000 多个城市。

加入堆草堆平台企业,平均蛋品周转速度比同行业从业者提升了 1 倍,利润提升了 20%。每一个加盟供应商缴纳保证金,遵循堆草堆的安全绿色单品生产用药、管理标准;同时我们也为蛋品生产农户、供应商提供数字化工具,在科学喂养、生产管理、蛋品安全检测等提供数字化管理能力,提高蛋品小微企业从业者数字农业水平。

4. 社会荣誉

8 年的创业,我们得到各级政府的支持和系列荣誉表彰,2020 年我被评为中国农村电商致富带头人,2021 年堆草堆项目合作入股的宣城市花园村村集体经济荣获"全国先进基层党组织"称号,在人民大会堂受到习近平总书记的接见。

堆草堆的理念是"用电商销售服务蛋品销售,用数据农业服务养殖户,用再造供应链服务消费者,让无抗放心蛋在蛋农和蛋品销售方和消费者之间更高效地流通,传递安全美味"。

未来,堆草堆农业将通过智能数字服务,提高蛋品行业数字化水平,让更多人吃上一枚放心好蛋!

▶ 现场问答

评　委:你们现在还有蛋鸡基地吗?

戴文祥:我们现在还有5个大的基地,目前存栏量在800万~1200万只。

评　委:蛋鸡是自有品种吗?

戴文祥:我们有3个品种:第一是皖南土鸡品种,这个已经是公共品牌和地理标志产品;第二是跟正大合作的花凤鸡品种;第三是海兰灰品种,也是和大集团公司一起合作的。

评　委:你们最大的竞争优势在哪里?

戴文祥:我们最大的优势是强强联合,我们和大集团公司一起研发品种,然后原材料跟大的种植户合作;另外,每只鸡上面都有一个脚环,这个鸡吃了多少东西,一天运动量多少,都通过脚环把数据传到我们自己研发的平台,总之从把控到养殖,都能做到全溯源可追踪。

评　委:简单介绍一下在乡村振兴中,带动农户致富的情况?

戴文祥:我们分三大板块:第一是我们以保底价提供给养殖户鸡苗、兽药;第二是让村集体以土地来入股,我们给他保底收益;第三是村集体和我们两家公司一起投资,给集体8%的保底收益。

数字技术赋能草莓产业转型升级

项目介绍

我是来自河南的王智豪,今天给大家汇报的项目是数字技术赋能草莓产业转型升级。

我们公司定位于草莓产业数字化运营服务商,致力于用数字技术解决草莓产业存在的难种、难吃、难卖三大难题。

1. 总体思路

如何让数字技术装备成为新时代新莓农的新农具,实现草莓产业节本增效发展?如何通过数字技术破解草莓产业"散、弱、小"的问题,把小草莓做成富民大产业?如何通过数字技术改变传统莓农"脏、累、穷"形象,吸引"80""90"新生代农民参与草莓产业,实现共同富裕?

也就是,如何推动小农户与现代农业发展有效衔接的问题,成为了近年来我经常思考和努力破解的核心命题,也是未来草莓产业持续健康发展的关键所在。

一是要加强科技装备应用和基础设施建设,改善小农户的生产经营条件,运用先进的农业技术赋能传统农业产业的转型升级,促使产业规模效

应和生产效率最大化。二是要加快发展农业社会化服务,培育新型农业经营主体,推动农民合作经济组织的发展,推动小农户向新型农业经营主体转变,着力解决小农户干不了、干不好、干了不划算的难题。

2. 解决方案

第一,打造草莓生产和营销数字化技术平台。一是打造数字化草莓生产体系。核心在于构建由专家经验和人工智能相结合的草莓生长数字模型,让草莓生产实现"傻瓜式"智能管理。二是打造数字化草莓营销体系。核心在于采用人工智能技术建立草莓目标客户群体消费行为分析模型,实现草莓的高效精准数字化营销。

第二,用数字化技术搭建草莓产业共赢制发展平台。用数字农业技术打造"农业生产合伙人+数字化托管运营商+销售合伙人"构成的农业产业化联合体,构建生产、购销与信用"三位一体"的合作经营体系,破解草莓生产的非标难题和销售的供应链难题,让草莓生产决策科学精准,让草莓生产管理轻松省力,让草莓销售优质优价,让生产者与消费者共享草莓优质优价的红利,实现草莓产业高质量发展。

3. 具体举措

一是我们组建了数字草莓创业团队,与中国农业大学等科研院校建立了紧密的合作关系,聘请了束怀瑞院士、张运涛理事长等国内外知名专家作为公司顾问,并通过搭建河南凤彩现代农业研究院和乡村振兴讲习所两大平台来解决草莓技术研发"最初一公里"和技术推广"最后一公里"问题。

二是建设了500余亩的数字化草莓产业园和河南省草莓新品种培育工程技术研究中心,引进筛选草莓新品种120多个,打造了组培脱毒育苗实验室和土壤农化分析实验室,设计建造了草莓育苗和栽培专用新型智能温室大棚;建设了智慧农业技术装备研发基地,开展立体无土栽培、农业物联网与灌溉机器人、采摘机器人等轻简化、省力化的园区管理系统的研发,并申请相关专利12项,基本实现植保、温控和水肥等技术复杂环节

的托管运营。

发起成立了利农合作社和睢县草莓协会，完善莓农生产组织，公司则致力于研发用区块链技术打造以社区支持农业（CSA）和食品安全参与式保障（PGS）两大体系为核心的私域社群电商销售平台，通过将多渠道的潜在客户、市场订单、供应链等环节集成在智能化营销平台上，实现草莓销售的智能化。

4. 发展效果

公司被认定为国家高新技术企业，草莓果品通过了绿色食品A级认证，并多次荣获各级草莓擂台赛金奖。

2020年营业收入850多万元，其中，优质草莓种苗年销售额300多万元，草莓配套施肥、植保、环控等智慧农业装备营业收入200多万元，草莓果品线上销售额315万元。

每年还利用河南省农广校草莓产业农民田间学校接待安徽、甘肃、新疆等全国各地草莓培训学员8 000多人次。

河南凤彩数字化草莓现代农业产业园已初步建成中原地区草莓产业研发与服务中心,我们还积极投身产业扶贫和乡村振兴战略,带动 120 多个贫困户就业,通过订单种植、入股分红和发放租金等形式累计带动贫困户 1 642 户、4 398 人,被评为河南省扶贫龙头企业、全国巾帼脱贫示范基地,受到全国人大常委会副委员长吉炳轩等领导的赞赏。

我本人也先后获得河南省农村青年致富带头人等荣誉称号。

5. 发展规划

未来 5 年,我们将帮助 1 000 对年轻夫妇加入联合社参与草莓种植,莓农家庭基地单元为 5 亩,实现亩产值超 6 万元,家庭年收入超 30 万元;数字化草莓现代农业产业园达到 5 000 亩,产业园综合年营业收入突破 3 亿元。全力打造国家级草莓现代农业产业园,成为全国知名的草莓产业数字化运营服务商。真正让农业成为有吸引力的行业,吸引人才返乡,助力乡村振兴,实现共同富裕。

我们的使命是:数字技术赋能草莓产业转型升级,让天下没有难种的草莓，让天下没有难卖的草莓，让天下没有难吃的草莓，让我们的莓农都能轻松当上"莓老板"。

▶ **现场问答**

评　　委：你能简单说说数字技术是怎么赋能草莓产业转型升级的吗？

王智豪：主要有3个方面：第一方面是在生产端，我们通过环境控制、水肥技术和植保，打造智能化数字化技术装备系统，实现对草莓产业园的托管半托管；第二方面是通过专家经验和人工智能相结合，构建生长数字模型来推动草莓种植的科学化、精准化；第三方面是构建草莓消费目标客户群体的消费行为模型，建立草莓消费客户的消费画像，实现草莓营销的精准化、智能化。

评　　委：你们的盈利模式主要是靠卖设备装备，还是卖草莓品种或者服务？

王智豪：目前有3块：第一块是传统草莓种苗，占到1/3；第二块是草莓果品，2020年果品盈利额达到315万元；第三块是智慧农业技术装备，2019年实现营业收入200多万元。三大块2019年营业收入总额是850多万元。

评　　委：下一步打算如何把你们的优势数字技术推广到河南省及其以外的地区？

王智豪：我们打算打造草莓现代农业产业园，与地方政府的产业扶贫项目、乡村振兴项目相结合，建设标准化、数字化草莓生产基地，我们参与托管，这样不仅可以解决推广过程中的不经济问题，也可以解决小农户对数字技术装备用不了和用不好的问题。

评　委：你们目前的草莓品种怎么解决的？是自己培育的，还是跟别人合作的？

王智豪：我们公司申请了河南省草莓新品种培育工程技术研究中心，现在已经申请专利12个，引进了国内外120多个新品种，并筛选出了15个适合河南省豫东地区盐碱地栽培的品种。

行业领先的数字化服务体系——赋能农业

项目介绍

我是来自广州华南农业大学人工智能专业的副教授、硕士生导师姜晟，同时我也是广州海睿的联合创始人。今天我为大家带来的项目是数字化服务赋能农业产业，我们创业的愿景是让天下没有难干的农业。

1. 行业背景

众所周知，数字农业是近几年非常热门的一个行业，在全国各地建立了很多数字农业示范基地。但是由于目前农业从业人员趋于老龄化，他们的知识结构和接受能力普遍偏低，导致出现了数据看不懂、数字化技术学不会、数字化产品用不了等现象，所以单纯的数字化无法为农业提升更高的价值。

2. 解决方案

针对以上现象，我们提出的解决方案是"一平台、两服务"。"一平台"指农业生产智能监管平台，利用数字化技术和产品实现精细化种植，提高生产效率，同时可以获取海量的农业生产数据。"两服务"指这些数据通过平台智能数据模型和农业专家的分析诊断后，可以为客户提供农业专家技术指导服务；另外，我们也可利用数字化的技术和方法提供精准农产品营销服务。通过该方案，我们可以实现利用数字化技术让农产品种得更好和卖得更好。

在智能监管平台方面：自公司2016年成立以来，我们坚持自主研发各类软硬件产品，产品种类涵盖农业生产环境监测、设施操控、溯源平台、病虫害预警、农机精准导航五大监管环节。

在农业专家服务方面：我们平台对接了国内多所农业院校和科研机构的农业专家，通过专家对监管平台农业生产大数据的远程分析和诊断，可提供精准的水肥管理、病虫害防控、栽培管理等专业技术指导服务。

在销售端：我们可以快速建立客户专属云农场、云溯源平台，并且拥有自营电商平台，为农产品销售拓宽渠道，同时还可以提供农产品宣传短视频制作服务，并利用抖音、快手等新媒体渠道进行包装宣传和销售。

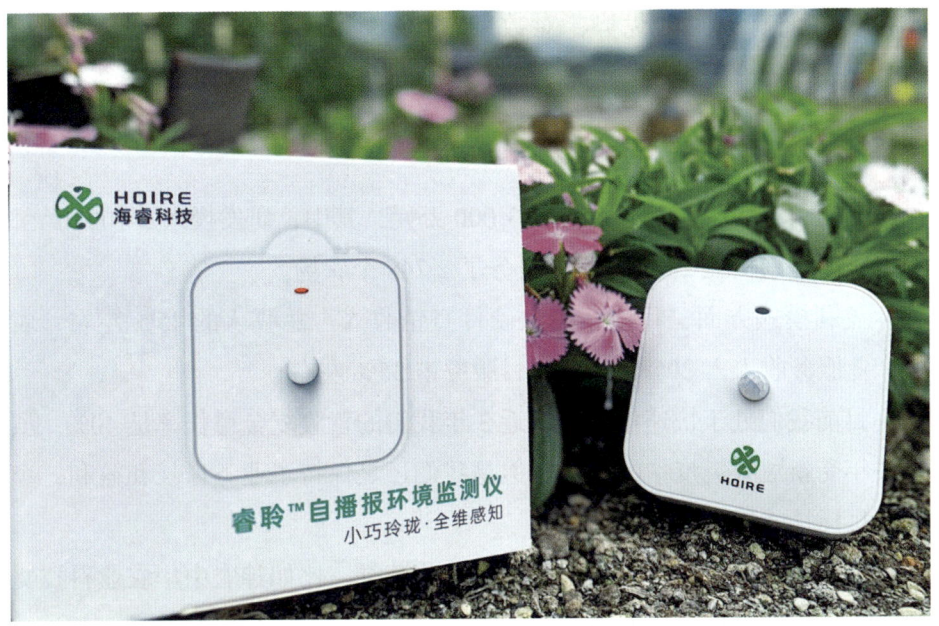

3. 团队建设

国内顶尖数字农业双院士团队作为我们的专家顾问团队,为我们的数字化产品研发提供技术支撑;同时还有来自农业院校和科研机构的农业育种、栽培、植保等方面的40余名专家和60余名博士为我们提供服务支撑。我是公司的联合创始人,我们的核心团队主要是来自华南农业大学的博士、博士后,他们都在各自的科研领域有着深入的研究和成果。

4. 核心技术

我们拥有三大核心技术,特别是智能农作物模型,我们花了10余年的时间和院士专家团队合作,针对17种主要农作物进行长期的数据跟踪和模型研究,并构建了全生命周期的智能农作物模型,对农产品产量品质提升起到了非常重要的作用。目前我们已经获得75项知识产权授权,部分产品已达到国内先进水平,由于自主研发,所以在产品成本控制方面有很大的优势,对数字农业技术的推广与应用起到了促进作用。

5. 企业现状

截至目前,公司已累计投入 3 000 万元,其中,研发投入 2 100 万元,销售市场范围覆盖 24 个省份、服务了 2 748 个农场。

盈利模式方面,目前我们软硬件直销收入占总收入的 45% 左右,农业产业服务收入占 20%,农业项目服务占 35% 左右。

目前我们处于快速增长期,近 3 年我们的营收复合增长率是 40%,虽然去年受新冠肺炎疫情的影响,但是我们还是保持了业务增长和盈利,今年的目标是 4 000 万元。

经过 5 年的发展,公司也获得了一些荣誉,比如神农中华农业科技奖和广东省科技进步奖,等等。

6. 发展规划

我们计划融资 2 000 万元,出让 10% 的股权。未来 3 年,我们的发展

定位是成为国内领先的数字农业专精特新企业，并实现年销售额突破1亿元的业绩目标。

▶现场问答

评委：你们现在的服务有哪几个挡位，价格分别是多少？

姜晟：我们针对农场可以提供一套完整的服务体系，此服务体系比较灵活，小到100元的土壤检测，大到园区的规划设计，是根据客户自己的需求进行选择。我们一年的收费在7万元左右，我们的设备也比较灵活，客户可以根据自己的需要去选择购买或者租赁。

评委：哪几个模块已经形成了沉淀并且有很好的发展形式？

姜晟：一个是设施的操控，包括了水肥一体化等智能控制类的产品，这些产品的应用可以直接为企业减少人工的支出。另外一个是农业专家的技术服务，农户和企业对专家的技术指导需求还是比较大的。

评委：你们是如何保障这些产品能够有可持续性的服务并且用得好？

姜晟：我们采集回来的数据并不是直接给用户去看去用，这些数据首先通过专家和模型进行分析，诊断以后会给用户一个决策和指导意见。比如我们告诉农户的并不是今天抓了几只虫，而是告诉他们什么时候该打药，打什么药，打多少，怎么打等直观的决策意见。

评委：在营销层面的服务上，你们建立了什么样的商业模式？

姜晟：我们营销方面的服务也是跟专业的团队进行合作，对农产品或农场进行包装和宣传，通过新媒体渠道去增加他们的曝光面，间接带动销售，主要收取服务费。

乡村新型服务业
及综合利用

各种树脂微球发展
及综合利用

木亚文旅乡村民宿行业全产业链服务

项目介绍

大家好,我叫刘杰,我是一名中共党员,也是乡村民宿国家标准起草人。今天这5分钟的分享,我准备了10年。

1. 创业背景

大学实习时期,我遇到了我的老师,也是中国最早一批外籍酒店人——Hanif先生。我参与了中国乡村民宿鼻祖品牌裸心谷的筹建运营,创建了安缦在中国的首支管家团队。2013年,不顾家人和朋友反对,我毅然决定回到了农村,开始做民宿。因为乡村民宿做的早,也做得好。很多人会向我请教,在《亲爱的客栈》中,刘涛、易烊千玺、毛不易也成了我的学生。

全国20万家民宿,每年以1万家速度新增,但是入局者几乎没有任何行业经验。而要想开好一家乡村民宿并不容易,选址、设计、施工、筹开、运营、培训、销售各环节环环相扣,"步步惊心"。这对于一个村民来说实在是太难了。

既然有这么多人需要帮助,我们为什么不为大家做一个雪中送炭的事情呢?于是在2019年6月5日,我们成立了这家木亚文旅公司,以"你陪伴乡村,我陪你"为使命,在全国范围内为乡村民宿提供策划、设计、施工、开业筹备、培训、电商销售、众创空间等行业服务。

两年时间,我们的业务范围拓展到全国23个省,服务项目52个,上年度销售额939万元,主要由服务费、设计费、培训费、销售佣金组成。

2. 团队建设

我们团队成员从0到34人,项目负责人均拥有国际连锁度假酒店工作经历,我的老师hanif先生也加入我们团队,85%的成员拥有至少10年民宿行业从业经验。

3. 服务项目

截至目前,我们完成了两项行业标准的撰写:一是乡村民宿国家标准,二是中国首个民宿管家职业技能等级评定标准。在2个标准的指导

下，我们开展了所有业务，这也是我们行业服务的秘诀与指南。

在项目设计与开发上，我们的足迹遍布了长江边、沙漠里与遗址旁。宁夏沙漠里的"在小湾"一开业便成为中国十大必睡民宿，良渚遗址公园旁的菩提谷刷爆行业朋友圈。

在开业筹备业务上，我们陪伴全国7家民宿，从工地到满房，从采购物资、招聘员工到上线运营。他们说："做木亚的甲方很幸福，也很简单"。

在众创空间上，历经45天，我们把村里废弃的菜市场改造成了众创空间。我们去了村里，一大群人也跟着去了村里，有做咖啡的，有做红酒的，也有做民宿运营管理的。16家企业，125位"新村民"，4 500万元的销售额。村里的大叔逢人便说："那个菜市场里面的都是人才"。

为了解决乡村民宿人才供应不足的问题，我们在全国开设两个培训中心。开展线下培训26期，线上培训数万人；同时，举办民宿管家大赛，看到拿着锄头的手也可以端起红酒杯的时候，我知道我们在乡村的坚持和陪伴是值得的。

为了缓解新冠肺炎疫情对民宿的影响，2020年9月9号我们上线了国内首家民宿目的地旅游旗舰店——莫干山旅游旗舰店，开展直播带货，一年的销售额达3 700万元，为当地老百姓带来直接经济收入3 200万元。

公司荣誉越来越多，来的领导也越来越多。联合国副秘书长刘振民先生曾嘱托我们把乡村振兴的经验分享给全世界。

4. 发展规划

未来，我们将致力于三方面的工作：一是落地乡村创培中心，将更多的年轻人带回乡村；二是通过乡村电商，让更多老百姓在家门口有一份有尊严的工作；三是向华为学习，成立中国民宿研究院，为民宿可持续发展提供科研依据。

过去的10年和未来的10年，我们要做的只有一件事："你陪伴乡村，我陪伴你"。感谢大家的陪伴。

乡村新型服务业及综合利用

▶ 现场问答

评委： 你们这个项目，一个是提供服务，包括设计、管家培训等；另外一个是自有品牌民宿的运营与管理，你们申报的是哪个项目？还是两个项目一块申报？

刘杰： 我们的核心业务是为整个乡村民宿行业提供服务，但是为了探索第一手民宿行业经验，我们打算在全国范围内（比如东南西北中）各开5家店，通过这5家店，获取第一手的经验后，再把最新的行业经验反馈给我们的行业服务。目前为止，我们在重庆的巫山和内蒙古分别有两家店正在筹建当中，预计明年夏天会正式对外运营。所以，我们申报的主要是民宿行业的产业服务。

评委：你这里写的自有品牌民宿的运用与管理，包括木亚草原、木亚长江、木亚龙门山都没开业，所以让评委们很混乱，到底你那九百多万元是哪来的？你这样一说的话，全是服务业服务的。2020年，你的财务预测实现了吗？实现了多少？

刘杰：因为我们的年度预算是从6月5日做到翌年6月5日，到目前为止，即便是新冠肺炎疫情影响下，我们已经完成了预算的65%左右，疫情主要影响项目的推进时间和进度，其他的影响不大。

评委：你在进行全产业链服务的这么多项目中，民宿项目设计、民宿施工等，你最有竞争力的是哪一项？

刘杰：我认为是民宿管家培训更有竞争优势，因为我们已经把民宿管家申报成了国家新职业，在12月15号得到了国家人社部专家组的评审，预计在明年1月会向公众对外征求意见，明年3—4月可能会作为一个全新职业面向社会。

秸秆炭化产业化经营

项目介绍

我是秸秆炭化产业化经营项目负责人平东林,今天我将从以下6个方面介绍本项目。

1. 创业背景

2017年底,我硕士毕业回国后,怀揣着对农业和家乡的热爱,带着4名学生回到家乡创办合作社,先后投入500多万元,创新"合作社+社会化服务+村集体经济组织+农户"的发展模式。立足当地农业资源优势,聚焦秸秆炭化产业化发展,向农产品加工及深加工层次延伸,形成了全产业链社会化服务体系。

目前合作社托管服务1 000余户,土地面积6.5万亩;年产3万吨生物质炭粉项目在安徽省天长市汊涧镇张营村实现量产,每天可生产生物质炭粉40吨，直接、间接带动近200人就业。

2015年以来，我国粮食生产能力已稳定在6.5亿吨以上水平，在实现饭碗端在自己手里梦想的同时，秸秆问题也愈加突出。收获多少粮食就会产生多少秸秆，据统计我国每年秸秆产值近万亿元，显然秸秆产业是大有可为的朝阳产业。

正因如此，2021年，秸秆炭化技术被农业农村部确立为农业重大引领性技术，让我们对秸秆炭化产业化经营更有信心了。

合作社成立以来，经过几年的探索和实践，目前生物质炭粉技术已经推广应用到育秧基质、炭基肥、炭颗粒等方面。我们合作社水稻育秧基地，由生物质炭粉配制的育秧基质，发芽早、分蘖壮、立苗稳、长势好。另外，在生物质炭粉改良土壤后，水稻病害发生率减少70%以上，而且水稻根系更发达。同时生物质炭粉可以加工成炭化颗粒，经过科学检测，炭化颗粒热值能达到4 800大卡，在实现"双碳"目标的背景下，炭化颗粒可以代替标准煤作为燃料使用。

技术创新远无止境，项目创新前途无量，种下梧桐树，引得凤凰栖。

近年来，得益于社会各界支持，我们在不断创新中收获颇多。主要体现在以下5个方面：一是合作联营有奔头；二是秸秆炭化有赚头；三是技术领先有劲头；四是人才振兴有搞头；五是乡村振兴有盼头。

我们的炭化设备采用集成化、小型化、可移动的设计原则，可移动到秸秆收集点，就地炭化秸秆，有效解决了秸秆"收储难，运输贵"的难题，节约了劳动成本。炭化过程中没有废水、废物外排，节能环保。

在大力投入研发的同时，我们也持续完善专利布局以充分保护核心技术，截至目前，已申请4项实用新型专利，发明专利正在申报中。

2. 团队建设

这是我们的核心团队，我先后获得农业农村部第三批全国农村创业创新优秀带头人典型案例、安徽省优秀党务工作者称号。赵齐宏博士是我们生物质炭化工艺设备的负责人；张书林博士是生物质炭化产品销售负责人；徐彬硕士负责项目工艺优化；朱德峰教授是中国水稻研究所稻作技术研究与发展中心主任、首席专家，是炭基产品研发顾问；潘根兴教授是国家高等学校土壤学重点学科带头人,负责炭基产品研发。

我们在股权激励上实行"干股+实股+期权"的多层次长期激励机制,另外,为未来加入公司的优秀人才预留20%的股份,做到"待遇留人、情感留人、事业留人"。

我们将联合并带动广大农民专业合作社做大做强规模化的秸秆产业,让参与产业化经营的每个角色受益。盈利点主要在炭化设备租赁、炭化产品销售、托管服务费等。

秸秆炭化产业化经营模式由村集体牵头,农民以土地入股合作社,合作社牵手农业龙头企业共同建立社会化服务点和秸秆收储点,合作社为所有成员户及周边托管户提供全程机械化服务,且龙头企业负责农产品的统一回购加工、统一品牌销售。

3. 财务分析

2019年以来,我们累计给张营村等3个村集体经济组织分红 98 765

元，49位农户分红66 153元。

4. 市场预期

预计到2023年销售收入突破1 000万元，实现联营合作点20家，托管服务农户10 000户，托管服务面积50万亩，带动农民增收9 500万元。

土地改良，增肥固碳，绿色发展，还能赚钱，"双碳"目标，一定实现！

▶ 现场问答

评　委：你们的炭化机和市场上其他比较成熟的炭化机相比，有什么样的优势？

平东林：我们的这个设备主要是采用可移动的方式，秸秆最大的一个难点在运输上，因为它是个抛物，其成本在我们整个运营费用中占到50%以上，我们的设备可移动到秸秆收集点，就地来炭化秸秆；另外，它是自动化、智能化的，同时它在炭化过程中没有废水废物的排出。

评　委：秸秆的供应量会对你的生产造成比较大的影响，你说建立了相应的预警系统，那么这个预警系统在每个乡镇设置服务点分散化的加工模式下是怎么实现的？这个机制是怎么样的？

平东林：第一，目前我们合作社有土地托管面积6.5万亩，保证了我们的供应量；第二，我们在15个乡镇都设立了秸秆收储点，这两个大后方保证了秸秆收储量。比如秸秆在一个镇炭化完后，可以移动到下一个镇，这就是对我们的一个保障。

> 评　委：作为一个生物炭项目，你们在当地有没有享受到一些补贴或者税收的优惠政策？
>
> 平东林：我们这个项目去年底才开始投建，到今年7月1号正式运营，目前已经享受了安徽省政府秸秆固化点60万元的项目补贴，也享受到了相应的一些税收减免政策。

"E 网" 无虫

项目介绍

我是毕拥国，今天我带来的项目是"E 网"无虫。

1. 项目背景

我们一年之中有 5 ～ 6 个月都是在吃大棚蔬菜，特别是在冬季，北方某些地区大棚蔬菜来源近乎 100%，大棚蔬菜的绿色安全关系到 14 亿人的身体健康。在实际生产中，其面临着虫害重、监测难、农残高、防治少的痛点，蔬菜产业急需准确的监测和有效的物理防治技术。尤其在蔬菜上市前 14 天期间，粉虱、蚜虫、蓟马等农业害虫为害，农药的滥用导致农残问题尤为突出，我们不使用农药，轻则减产降质，重则绝产绝收；使用农药，则会给 14 亿消费者带来巨大潜在危害。

2. 解决方案

针对这些市场现状，本公司研发出两套具有极强针对性的智能监测、防治设备，经过田间试验验证，极大地减少了化学农药的使用。

监测设备： 一是微小害虫智能监测设备。其利用昆虫趋黄和趋蓝性，通过微距镜头扫描拍照，同时利用 AI 人工智能图像识别软件进行自动识别分类和计数，并提供预警信息，它弥补了世界上对微小害虫监测领域的空白；本产品已经获得两项专利。二是中大型害虫智能监测设备。其利用性诱剂对害虫进行引诱，利用基部红外对射原理对害虫进行记数，同时利用物联网模块技术对害虫发生数量及气象数据传送至网络后台并提供相关预警信息；该设备已经在唐山、保定、石家庄、邢台等地进行了广泛应用，取得了良好效果；本产品已经获得两项专利。相较于传统监测方法，我们有五大优势，时效性强、智能化高、覆盖面广、准确率大、创新能力突出。

防治设备： 一是物理防控设备。根据害虫生物学特性，我们自主研发的"震、吹、吸"三位一体智能灭虫设备，即利用震秧、吹风使昆虫收到惊吓起飞，再利用空气吸尘原理对白粉虱、蚜虫、蓟马等害虫进行物理防治，不使用任何杀虫剂；田间试验证明，一次使用灭虫率可达80%～90%，价格在650～850元，使用寿命可达10年；本产品已经获得两项专利。二是为了针对一些蔬菜的鳞翅目、鞘翅目等大型害虫，我们自主研发出了广谱性害虫引诱剂，可对绝大多数害虫进行诱集杀灭，控制总体虫口密度，它本身对人体以及环境无任何危害，且价格便宜、持续稳定；其中内含主要成分是我们自主研发的高效脂溶性渗透剂，可快速渗透虫体，对害虫进行杀灭，其本身应用场景比较广泛，与农药、生物制剂一起使用降低了使用次数，提高农药效率，而且其本身对人体和环境无任何危害，属于快消品。

3. 商业模式

本项目商业模式主要依靠租赁、售卖害虫监测和物理防控设备，以及持续生产广谱型引诱剂，获取利润。后台统计监测信息，对接保险公司、经销商、肥料等企业来获利。

 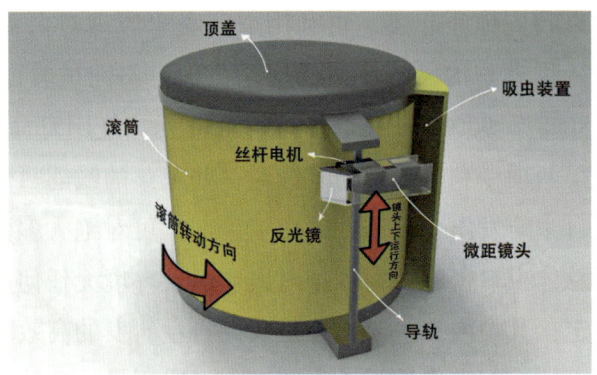

4. 团队建设

我本人即公司法人，也是河北农业大学林学院副教授、农学博士、硕士研究生导师，"时代楷模"李保国科研团队成员，河北省"三区"科技特派员，从事果树、蔬菜病虫害无公害防控技术开发近20年。我公司的团队核心成员有河北省昆虫协会会长王志刚教授和河北蔬菜协会会长孙茜老师，他们两位为项目做持续的指导。

5. 效果与关注

对农户来说，运用我们的解决方案，蔬菜品质得到了提升，农户每亩可增收 2 000 余元。项目得到国家农业农村部以及河北省领导的高度认可以及中央广播电视总台、河北日报、河北农民报等多家媒体的广泛报道。

6. 发展规划

后期，我们将不断地进行系统升级、产品迭代以及设备更新，使其更加智能化、自动化、品牌化，确保项目的持续稳定发展。预计2025年产品辐射菜农 3 万余人，服务面积可达 9 万亩。我们将融资 2 000 万元，出让 10% 的股权。

我们的目标是做新型无公害技术开发先行者，让全国人民吃上安全放心的蔬菜产品。

▶ 现场问答

评　委：对于一个普通的大棚种植户来讲，帮助他们掌握这个监测和防控设备的技术要领，你们做了哪些工作？对他们来讲这是不是一件很困难的事情？

毕拥国：监测设备是安在地里，将数据指数直接传到后台服务器，农民打开他的手机软件，随时就可以看到，非常简单，不需要农民干任何事情。防治设备，比如我们那个"震、吹、吸"设备，这是世界首创，它相当于空气炮加吸尘器，是手持便携式的，拿在手里只要打开开关对准叶片一吸，就能达到一个非常好的防止效果，使用上没有任何技术难点。而广谱性害虫引诱剂只需放在一个瓶子里面悬挂，配好浓度就可以了。

评　委：现在这些设备主要是通过租赁和售卖的方式来实现的，目前租赁和售卖的方式占比情况是怎么样的？

毕拥国：现在还是以销售为主，租赁相对少一点。我们的财务来源一部分来自监测设备，我们还有一个全套产品，即害虫的"震、吹、吸"设备，已经进入终试阶段，并拿到订单；它的成本比较低，操作简单方便，老百姓非常认可。

评　委：现在这个技术是不是主要在河北省内的蔬菜大棚种植户中使用？

毕拥国：我们现在先以河北地区为主，下一步准备去山东、河南等地推广。

光东村文旅田园综合体

项目介绍

我是杨丽娜,来自吉林省延边朝鲜族自治州的光东村。光东村是个典型的朝鲜族村落。全村仅有150户村民,2020年光东村的农文旅收入是2 600万元,对于我们这样一个边境的小山村,是如何做到的?下面请听我一一道来。

1. 项目介绍

光东村不仅有着浓郁的朝鲜族民俗民风,还有着"红太阳照边疆,海兰江畔稻花香"的田园景观,来到这里您可以体验朝鲜族民俗,品尝朝鲜族美食,观看朝鲜族歌舞表演。

结合我们村的优势,我返乡创业带领乡亲们发展乡村旅游,和全国各地300多家旅行社合作,还和各大OTA平台合作,年接待游客量超过30万人次,通过线下游客的引流,做了两个线上产品营销渠道的创新。

第一个创新是2018年公司注册了微信公众号小程序商城,把光东村的爆款产品大米销往了全国各地,光东村大米的优势在于光东村地处北纬42°,是水稻种植的黄金地带;早在公元698年,就是渤海国国王上贡给武则天的粮食,也是"卢城之稻"的起源地;1958年周恩来总理亲自颁发水稻金奖。2020年我们线上销售量超过10万件,通过乡村旅游实现了产业振兴。

第二个创新是共享稻田模式,客户可以通过远程监控的方式,了解光东村水稻的长势,三年里我们共享稻田的收入达2 400万元。

2. 商业模式

在我们这两大营销渠道创新的背后,最重要的是我们模式的创新,我们采取的是"企业+村集体+农户"的运行模式,以村集体为中心,以村民为主体,企业以创新谋发展,以三方利益共享促和谐,以第三产业带第二产业促第一产业,实现一二三产业融合,实现共同富裕。

3. 获得荣誉

通过多年的努力，光东村和我们企业也先后荣获了很多国家级和省级荣誉，2020年我们企业上榜世界旅游联盟旅游减贫案例，是吉林省唯一上榜企业。今年建党百年，光东村的村集体荣获全国优秀基层党组织的荣誉，村支部书记在北京人民大会堂接受表彰，这些殊荣都源于光东村的村集体收入和村民的平均收入这几年在吉林省一直名列前茅。

最荣幸的是，2015年7月16日，习近平总书记第一次到吉林考察时就有来过光东村。光东村是习近平总书记考察过的唯一一个朝鲜族村落，并给予高度肯定。

4. 项目优势

我们村有两大优势：第一大优势是地理位置，光东村距离朝鲜边境30千米，距离俄罗斯边境120千米，距离长白山150千米，是从朝鲜到俄罗斯到长白山路上途经的朝鲜族村落。

第二大优势是我们的团队,我是企业的创始人,也是吉林省乡村振兴的十大杰出人才,总经理刘莹作为"95后",是精通四国语言的硕士,管理层都在"90年"左右,更重要的是我们还带动本村的村民们就业和创业。

5. 财务分析

我们的营业额一直呈持续上升趋势,尽管受新冠肺炎疫情影响,2020年我们的营业额比2019年增长18%,这主要源于我们的不断创新。

6. 发展规划

这是我们未来三年的规划,2023年长白山将迎来大交通时代,从北京到长白山高铁仅需要4.5小时,作为东北三省最著名的旅游景区,预计2023年游客量将达800万,我们保守说引流10%,80万游客,每个人消费200元就是1.6亿元。将企业做大做强的同时,用旅游带动1 000户农民共致富,振兴乡村,这是我们的企业愿景。

▶ **现场问答**

评 委:这两年新冠肺炎疫情对旅游行业影响很大,你们是如何实现逆势增长的?

杨丽娜:我们2018年就开始做线上商城了,还有共享稻田的模式,已经做了9年,积累了一些客户。主要是通过线上渠道把我们当地的特产销售出去,2020年线上营业额达到55%。我们通过销售爆款产品大米得到客户对我们的信任,而后又销售我们周边乡村的蜂蜜、木耳、人参等特产,所以2020年我们的营业额是增加的。

评　委：你们公司销售的产品和旅游服务各占什么比例？

杨丽娜：我们的农特产品占到70%，旅游服务是我们的一个引流，作为一个窗口把我们的文化输出，让更多的人了解朝鲜族特色文化；也通过引流的方式把我们地方的农特产品销售出去，所以农特产品占的比重较大。

评　委：消费者复购率怎么样？

杨丽娜：首先是复购我们大米的客户特别多，然后我们通过大米延伸的一些产品，如米酒和辣白菜等的复购率也很高。另外，旅游服务方面，不仅是游客来到光东村的单一消费，还通过口口相传介绍亲戚朋友来。

评　委：这两年游客有下降吗？

杨丽娜：受疫情影响，2020年的游客量不足20万人次，较2019年下降逾11万人次。但我们的营业额是上升的。

飞鸟与鸣虫食农教育农场

项目介绍

让一个身处北京的新中产想象一下，令人心之向往的乡村会是哪里？是日本的北海道，还是法国的普罗旺斯？相不相信不久之后她想到的会是京郊大地上的飞鸟与鸣虫。

我叫李一方，15年前从伦敦硕士毕业进入国际组织工作；6年前，我在世界有机农业大会上做主题发言。3年前，我去到了京郊密云水库边的小村子，成了一个农民。飞鸟与鸣虫是北京首个以食农教育为核心的有机农场，由包括我在内的4位海归女硕士与金叵罗村农民合作社携手创建。

1. 融资模式创新

建设初期，农场征集了20位共建人，包括世界自然基金会的中国首席代表、藏红花等餐饮品牌的主理人、著名的艺术推广人等。创始团队、农民合作社、共建人三方投资各占1/3。从根本上决定了这个农场公众参与、城乡共创的基因。

2. 业务模式创新

在飞鸟与鸣虫，有机蔬果只是副产品，我们主产田野中的时光。

一个"农"字，深挖到极致：农场上作物种植采收、生态农业设施的修建都由客人通过付费体验活动完成。举个例子，我们的果园，作用不是采摘，孩子们自己动手翻地，种下绿肥，认识豆科植物如何吸收空气中的氮气转换成氮肥；为小鸡小鸭修建移动圈舍，了解家禽的习性；除虫、除草、为土地添加肥料，为厨余堆肥翻堆。果树、灌木、杂粮、绿肥作物和家禽组成高低错落的共生系统，而客人就是这个系统的建造者。

窑烤面包——农场体验的延伸：以天然酵母窑烤面包为核心的美食产品，是农场的第二个特色。面包的生产和销售，把"来农场"这样一个区域性、低频次的需求，拓展成了365天的日常。一位来自宁夏的客人跟我说"你们的面包，我连掉在桌上的渣子都捡起来吃了"。

3. 营销模式创新

这座农场，连孩子们玩耍的沙坑都是志愿者和我们一起挖出来的。通过自媒体的直播，客人们看着面包窑一块砖一块砖垒起来，牵挂着小鸡出壳、甚至瓢虫吃掉蚜虫。因此，房子还没建好，我们就有了最好的客人。

不是野奢会所，是心的归处。在农场上端一杯咖啡坐着，稻田之外是青山，夕阳会在地板上画出一整棵香椿树的树影。我们提供的是野奢吗？不，是奢侈的反面。客人用餐之后，需要自己将垃圾进行分类。农场帐篷营地上，不可以使用普通洗涤用品，用水都经过过滤沉淀汇入生态水池。在靠拼包装的中秋月饼大战中，我们只用一块可重复利用的包袱皮，月饼依旧供不应求。在飞鸟与鸣虫，每个细节都在阐述统一的价值观：环保循环、共建共享。

4. 核心价值

我们的核心价值是与乡村共生共赢。2018年我们和村子一起策划万人嘉年华，带动周边村镇收入超百万元。2019年，我们协助村子成功申请市级中小学社会实践大课堂资质，从此每年村子要接待1.5万人次中小学生，收入增加超120万元。农场员工都是周边村民，只会蒸包子馒头的大姐现在可以媲美北京使馆区的面包师。年底售卖的面包礼盒，10%的收入会用于帮助有困难的乡村女性。金叵罗村是农业农村部划定的全国美丽乡村，它原本有10个生产队，我们是第11生产队。

5. 发展现状

农场在正式开放半年内实现了盈利，现在较去年同期利润增长了3倍。成立两年的我们，刚刚成为北京市四星级休闲农业园区，同时被CCTV、BTV、新周刊等上百家媒体报道。

6. 结语

乡村和农业不只是城市生活方式的追随者和附和者，它也可以是新业态、新生活、新思潮的发源地。

飞鸟与鸣虫正在实践的就是与农民牵着手，共同构建这个关于乡村的新时代。

▶现场问答

评　委：你们的占地有多少亩？各是什么用途？

李一方：我们农场的占地有50亩，完全按照国际上先进的普门农业规划方式进行规划，它有可以体验的菜地，有儿童可以玩耍的沙坑，秋千，等等。

评　委：土地是你们从农民那承包来的吗？土地的性质是什么？

李一方：土地的性质是农用地，建筑面积是乡村设施配套用地。

评　委：原来土地是谁的？

李一方：土地现在的归属还是农民合作社，我们与农民合作社签署了一个战略合作协议，我们并非付地租，而是与其分利润，从根本上达成合作。

评　委：你们的收入来自两大类,一个是亲子教育类的,另一个是烤面包,利润各占多少比例?

李一方：目前各占的比例是一半。烤面包能占到一半是因为它是全国售卖的一个产品。

评　委：烤面包面粉是哪来的?有多少来自本地,有多少外购?利润或成本中包含了你们的工资吗?

李一方：面粉一半来自全国生态农友做的有机面粉,另一半是来自本村自己种植的有机小麦。利润包含了我们的工资。

评　委：是什么因素促使让你去农村创业?

李一方：在辞职成为一个农民之前,我其实也在农业这个圈子里。从2014年开始,我在国际组织负责东亚区的可持续农业和食品安全这个项目。从一个公益组织的角度看,当时我知道有机农业这个圈子里都认为光靠卖最终的农产品不赚钱,我们需要去提升过程当中的价值,即文化、教育、艺术这样的价值,因此我决定去在农村创业。

"蘑幻森林"林下生态食用菌农旅

项目介绍

我叫苏慧敏，是一个"菇三代"，我的爷爷彭兆旺先生在 20 世纪 70 年代发明了香菇"菌棒技术"，并无偿将技术奉献给社会，让一批又一批菇农凭借"一朵小香菇"摆脱了贫困。60 年来，我们祖孙三代一直深耕在食用菌领域，在爷爷和父亲的带领下，取得了丰硕的研究成果。

1. 创业背景

上海是一个土地资源十分稀缺的地方，如果能不占用耕地和基本农田，规模化开展农产品种植是一件很赞的事。能否在林下种菇，是我们这几年一直在努力探索的方向。

2009 年，我们便开始了林下种菇实践，累计创新了 9 种林下菇种植的关键技术，带动 600 多农户就业增收，走出了一条在特大城市郊区发展林下菇的生态农业之路，获得"中国林业产业突出贡献奖"。

2. 产业介绍

蘑菇与森林形成了"和谐共生"关系，处处洋溢着丰收的喜悦。1年前，我们进一步把这份喜悦与"奇观"转变成一种旅游资源，以林中菇做舞台，开启了蘑幻森林休闲农旅之路。

采：这里是菌菇的王国。春夏秋冬10多个品种，四季不断；层架式、吊袋式、覆土式种植模式多种多样。你可以带着家人当一天快乐的菇农，尽情享受菌菇采摘的丰收喜悦。

学：这里是离大自然最近的课堂。我们开发了一系列趣味研学课程，从真菌多样性到蘑菇的生物学特性，从一个废菌棒的生态循环到林间的生态平衡，树、花草、昆虫都是鲜活的教材，已成为学生校外实践与劳动教育的首选基地。

食：这里是一场蘑菇美食的饕餮盛宴。我们以新鲜菇类作为食材，推出"菌菇宴"DIY体验项目，菌菇佛跳墙、荷叶香菇饭、玫瑰雪耳羹都是我们与游客共同研发的美食作品。

游：这里是一座让人心生向往的美好家园，我们将村里的稻田、果园、村史馆、咖啡吧等资源整合成一条条参观线路，助推乡村产业联动发展，为满足购物需求，我们还开发了四大系列旅游产品。

短短3个多月就接待了2万多人，实现了30多万元的农旅收入，游客口碑爆赞，更坚定了我们在这条道路走下去的信心。预计2023年将实现2 200万元的营业收入。

3. 团队建设

我们有一支活力强、闯劲足的团队。作为项目创始人，我已从事6年企业管理工作，我始终牢记，要把爷爷践行的"发展食用菌，致富老百姓"的使命在我们这一代继承下来，传承下去。我们有一支强大专家顾问团队为项目发展保驾护航。

4. 主要创新

一是打造了一个以林下菇产业为支撑，以菇立业，以游兴业，以学富业、以食靓业的特色农文旅项目。

二是创新了"园中园"的商业模式,打造"蘑幻森林"农旅品牌,以品牌赋能、模式输出、技术推广、原料供应的方式服务森林公园及大型农庄,目前已推广了12个各具特色的示范点。

三是创新了废菌渣的生态循环利用,通过将废菌渣做成有机肥生态栽培苗菜,实现了林下经济的绿色可持续发展。

5. 社会效益

我们将项目与村里的乡村振兴工作紧密结合,不仅给村集体增加了林地租金收入,让村民在家门口实现就业增收;同时也帮助林业站解决了林业养护问题。多级股份制的分配机制,使村民既有工资收入,还能分红得到更多实惠。"蘑幻森林"已成为这个村乡村振兴的亮点与名片。

6. 发展规划

未来,我们将进一步聚焦城郊涵养林资源的开发利用,深度打造蘑幻森林农旅综合体。让杂草丛生的森林,变成生产优质菌菇的天堂;让人迹罕至的林地,变成充满欢声笑语的乐园。

▶ 现场问答

评　委： 你说你是"菇三代",你现在用的菌种、种植技术都是自己研发的?还是要依靠市场?

苏慧敏： 菌种是我们与上海农业科学院食药用菌研究所合作的。种植技术是我们祖孙三代60年在实践和发展过程中积淀下来的成果。

评　委： 你的盈利模式里有菇、有游、有食,各占什么样的比例?

苏慧敏： 菇占到50%左右,游是45%,食只是游其中的一个体验项目,占5%。

评　委：现在种植食用菌的人很多，你的食用菌有什么竞争优势？

苏慧敏：第一，在食用菌种植上，我们与上海农业科学院研发了适合林下菇生长的食用菌，它比较适应于林下的这种季节和环境。第二，在菌菇口感上，林下种植的菌种经过改良后，其口感风味更加独特；且我们是在上海郊区，用水源涵养林种植，它离大市场距离较近，更加保持了口感的新鲜度。

评　委：你的规划里面产值利润增长得很快，是通过什么方式实现的？

苏慧敏：目前我们的营收渠道分为4个方面：第一是我们的鲜菇B2B业务，我们可以直接将这些鲜菇销售给海底捞、盒马鲜生等平台。第二是我们的农旅活动收入，主要包括研学体验课程、采摘活动等。第三是将林间的菇以及灵芝加工成了菌菇的干品以及灵芝孢子粉，通过线上和线下平台做礼品的场景销售。第四是我们的模式推广收入，我们服务于森林公园及大型农庄，为他们解决技术输出以及原料供应。

绿色"O2O"生态圈——乡村共享驿站

项目介绍

我是来自福建省的林巧玲,今天我带来的项目是绿色"O2O"生态圈——乡村共享驿站,现代农业科技服务的先行者。

1. 创业背景

在当前"大国小农"的基本国情农情下,小农户与现代农业的衔接是中国农业现代化道路的必然选择。

放眼全球,不管是全球科技农业强国——以色列,或是合作社模式的全球标杆——丹麦,还有德国4.0时代的自动化农业,他们的成功告诉我们,靠要素投入的发展模式已经困难重重,所以我们要用科技创新去赋能农业。

因此,我们成立了现代农业科技服务团队,用数字让土地托管变得更简单。项目建设,包括线上的智慧农业平台和线下的村集体服务站。

2. 商业模式

我们的商业模式是全国首创,"政村企民"四位联动共建新型合作模式,村集体主导土地集约化,村社出场地,财政给补贴,建设线下服务站。我们搭建的金融服务平台、智慧农业云平台,还有一系列数字化精准种植管理系统,实现了节本增效。通过平台销售和政策扶持的特定销售渠道,最终村企民共享收益,壮大村集体经济。

高标准的全程托管是指一片 8 200 亩的水稻种植基地,晋江农商银行授信 1 亿元,利用鱼稻共生,鸭稻共生的立体种植,通过统一数字耕作,实现农资、农机、农艺的资源配置高度标准化,最终供给我们线下 108 家稳定的企业端客户。

因此,大米的品牌产生溢价 2～3 倍,同时提升种植空间 5%,每亩的成本节约了 100～200 元,年增产达到了 2.7 万千克。

3. 项目优势

我们的模式创新,指由政府正式发文,自上而下组织资源推动村集体

加盟,他们就是我们最大的原生动力,让项目可持续性发展,通过高标准化运营体系,实现一二三产融合的升级。

我们的技术创新,包括获得了7项发明专利、自主研发5个数字化系统。其中有跨越式创新的是我们与中国科学院共同研发的智能风吸式LED特征光谱害虫诱杀系统,它让我们的成本突破性的再次削减了6%。另外,我们的无人机飞防作业的系统调度效率处于行业领先水平。

我们的人才优势是硕博服务站有23名硕博士,带领高校团队与248名驻村干部和546名村集体干部一起。

截至目前,我们完成了该模式在省内外6个城市的复制推广。

4. 社会效益

项目的成果显著,我们实现了省内的多个第一,与63个村集体合作,托管和半托管土地服务面积达10余亩,承接了60万余亩的无人机飞防作业,各类农资服务达82万次。项目共计带动576人就业及创业,使2 458户农户平均年增收4万多元。

5. **融资计划**

2020 年的营业额是 3 252 万元。今年上半年营业额已经突破 5 000 万元，这两年我们处于指数型的增长，在 2022 年可以完成 1 亿元的目标。目前融资需求 850 万元，出让 5% 的股份，用于系统研发和农资升级。

当政策与科技融汇交集，数字农业的无限潜能得到充分释放。未来 3 年，我们很有信心让更多的人才加入我们，将土地托管面积达到 45 万亩，"托"起现代农业生态服务圈。

▶ 现场问答

评　委：贵公司的产品到底是什么，是农业生产托管服务吗？
林巧玲：我们目前做的就是托管服务，农业的专业服务团队。

评　委：您现在提到的线上电商平台的"晋享购"是什么样的？
林巧玲：它是我们智慧农业云平台当中的一个小的电商平台，是为了销售农产品。

评　委：那您既做土地托管服务，也做村集体的分销管理，还做系统营销是吗？
林巧玲：我们土地托管之前，要把土地集约过来，即找农户流转过来，这个工作我们是找村集体合作，他帮我们去跟村民说土地交由我们来管理，这样集中在一起的话，土地才能集约化、规模化，做全自动化的管理，所以村民其实是我们的合作伙伴，是这条产业链上面的其中一个点。然后我们用系统来管理村集体，现在跟 63 个村集体合作，所以我们也需要系统地管理他们的日常工作，比如他们今天有增加一些村民流转土地的话，就可以在系统上面去实现。

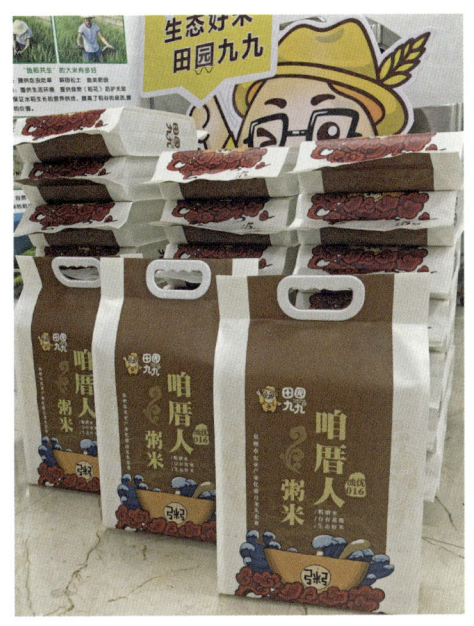

评　委：你们这个三级分销提成返点的算法机制大概怎么想的？

林巧玲：村集体在我们的智慧农业云平台上注册，也会在我们的电商平台上注册，电商平台是帮村民销售农产品，在这个系统里面会自动生成一个二维码，村集体拿着二维码可以当成我们的分销去卖农产品，然后就会有一些返点，所以村集体不单单帮我们流转土地，还可以做我们的分销商去售卖农产品，这样才能达到每年18.6万元的经济收入。

以工促农，特色旅游食品带动农民增收

项目介绍

我是来自天津的史全胜，是天津奥格瑞恩有限公司董事长，是一名坚守传统面点加工工艺近40年的非物质文化传承人，是多次参加天津市农村创业创新大赛，并2次入围全国大赛的全国农村创业创新优秀带头人。

1. 创业背景

随着时代的发展，传统面点生产的来料加工、代工生产和商超销售模式已经不能适应新时代发展的需求；新冠肺炎疫情的影响，更是让传统面食加工行业雪上加霜，许多老字号食品生产企业已经"日薄西山"。作为一个创业创新带头企业，奥格瑞恩公司受到全国大赛各类创业者的经验启发，秉持求变、求新、求发展的创新理念，把传统面食工业与新产业相结合，催生出新业态、新模式，在推动企业自身做强做大的同时，不忘履行企业社会责任，与农产品种植户特别是贫困户建立紧密利益联结机制，实现了双赢发展。

2. 创新产品

针对市场需求，一是开发了具有外观专利的"河蟹饼"，河蟹饼取意和谐团圆，全国唯一；二是升级了传统南瓜馅料，采用高温预考、低温浓缩、冻干萃取的技术取得了南瓜馅料的发明专利，提升了口感，获得了消费者的认可；三是开发了玫瑰山楂包，一款口感与健康并存的产品，用云南的玫瑰和蓟州的山楂生产的玫瑰山楂包，被中国月饼文化节评为创新金奖；四是开发了速冻生坯面食和糕点系列产品，现蒸、现烤18分钟，时效快、用工少，符合年轻人快节奏生活需求；五是充分利用贫困山区的食材，开发出小枣、板栗、南瓜等多种馅料，满足市场多样需求；六是就地取材，开展小站稻的精深加工，制作各类具有独特风味的米糕产品。

3. 商业模式

首先是渠道拓展，与好利来、津乐园以及各大酒店餐饮企业保持良好合作关系基础上,与蟹都会400余家门店建立了长期合作关系,与北京稻香村建立合作伙伴关系。其次是销售模式创新,采用线上线下销售相结合,采用直播带货拓展销售能力,充分发挥益农信息社的信息传递功能,并与农产品种植户建立信息拓展渠道;以"一品津味"响应津农精品进军传统领域——菜市场,实现一城百店同城复制。最后是赋予产品旅游属性,与旅游景区、休闲农业园区、民宿和农家乐建立合作关系,开发各类具有伴手礼和旅游属性的速食产品。

4. 产业发展

针对加工产业链短的痛点,开展"前延后伸"。"前延"是在与农户合作基础上,建立企业自身的原料基地,就地就近仓储保鲜,确保了原料的品质,并实现产品全程可追溯。"后伸"是拓展功能,建立仓储式销售体验旗舰店,前店后厂,全方位展示产品细节,并开发出亲子时光、DIY手工、游学教育、科普体验等业态模式,增强产品综合竞争力。

目前企业管理模式先进,股权分明;人才储备、技术储备丰富,拥有22项专利技术、26人专业研发团队,能够保证新产品持续开发的智力需

一品津味·深加工产品展示

求。项目转型效果不断显现，2020年实现销售额6 300万元，市场覆盖全国18个省市。

我们一直在坚持，抵抗住了新冠肺炎疫情的考验，正在涅槃重生。我们计划扩大产能，更新设备，建立更多线上线下销售渠道，与更多农户实现订单生产，为此，未来3年我们计划融资2 000万元，出让股份20%，3年收回投资，年销售额增加3 000万～5 000万元，利润增加1 500万元，税收增加150万元。

创新是一个民族进步的灵魂，我们愿做一个有灵魂的企业，树立一个标杆，把创新坚持到底，不断推动传统食品加工业转型升级，实现与农民共富共享，利好千万家。

▶现场问答

评　委：新产品在整个销售中大概占比多少？现在的整个商业模式是什么？

史全胜：新产品现在占比在40%左右。我们现在有两个创业模式：一是在坚持传统馅料的生产基础上联农带农，在旅游市场上发力。二是津农精品进驻菜市场，现在已进入30家，预计年前进入60～100家，现在每个店每天的销售额在2 000元左右，预计100家的话每天销售收入可达20万元。

评　委：代工产品的占比是什么样的？

史全胜：占30%，疫情期间代工这块影响非常大，我们正在逐渐转型，从代工生产（OEM）转到直接面对消费者，即"一品津味"进入到传统领域菜市场。

评　委： 在联农带农方面你们主要做了哪些事情？

史全胜： 我们用的全部都是农副产品，比如蓟州的山楂、栗子、小枣，云南的玫瑰等，用云南的玫瑰跟蓟州的山楂结合到一起做了一款全国独一无二的玫瑰山楂包，我们去年联农带农是6 350人。

评　委： 你们现在有自己的生产基地吗？

史全胜： 我们有工厂，也有基地。像冬瓜、南瓜都是我们自己基地种植的，我们在基地现场取材。

评　委： 材料里面2020年销售额较2019年是降低了吧？

史全胜： 是的，疫情对我们影响很大，以前代工这块主要给全国的四星级、五星级酒店供应，疫情期间旅游市场比较疲软，所以我们现在也在转型，把传统的模式改造为直接推到消费者，现金流是我们目前认为最重要的。